내가 원하는 것은
이미 내 안에 있다

내가 원하는 것은
이미 내 안에 있다

자기 신뢰의
창시자 에머슨의
성공 철학
148

———

랠프 월도 에머슨 지음

사토 켄이치 편역
김슬기 옮김

유노
북스

왜 지금
에머슨인가?

타인과의 비교를 통해 확신을 얻은 적 있는가? 내가 뭘 원하는지도 모른 채 남들이 가는 길만 따라가고 있지는 않은가? 열심히 노력해서 얻은 결과들이 진정으로 내가 원했던 것인지 혼란스러울 때가 있지 않은가?

그때 귀 기울여야 할 소리는 외부의 소음과도 같은 조언이나 위로 따위가 아니라 내면에서 희미하게 울려 퍼지는 목소리다. 이제는 남들의 뒤만 따라갈 때가 아니라 내면의 목소리를 따라 나만의 길을 개척할 때다.

"내가 될 수 있는 존재는 나 자신뿐이다."
"나의 문제를 해결할 수 있는 열쇠는 나 자신에게
있다."

'자기 신뢰'의 창시자이자 미국 최초의 철학자인 에
머슨의 말이다.
여기서 이런 질문을 할지도 모르겠다.

"에머슨이 누구지?"
"무슨 일을 한 사람이지?"

'에머슨'이라는 이름이 익숙하지 않은 사람은 적지
않을 것이다. 하지만 그럴 만도 하다. 세기가 바뀌고
시간이 한참 지난 현대에는 완전히 잊힌 존재가 됐기
때문이다.

19세기를 살았던 랠프 월도 에머슨은 빠르게 발전해 가는 미국 사회에 나타난 철학자이자 시인이며, 강연자이자 작가였다. 그는 유럽에서 빌려온 사상이 아닌 미국인으로서 자신만의 사상을 제시했고, '미국의 지적 독립'을 선언하고 선도한 인물이다.

에머슨의 사상은 체계 없는 절충주의라는 비판도 받는다. 하지만 어디까지나 자신에게 맞는 것을 스스로 선택하고 자기 것으로 만드는 인생을 살았다. 이런 점에서 에머슨의 사상은 '자기 신뢰'를 모토로 삼고 권위에 맹목적으로 따르지 않는 인생을 관철한 그만의 태도라고 할 수 있다.

니체와 톨스토이까지
매료시킨 에머슨의 '자기 신뢰'

이렇게 전 세계에 뿌리내린 에머슨의 '자기 신뢰' 사상은 니체의 철학을 탄생시키고, 칼 융의 이론을 완성시켰다. 헨리 데이비드 소로와 톨스토이는 에머슨을 평생 애독하며 작품에 자기 신뢰 철학을 녹여냈다. 또한 에머슨의 사상은 간디의 비폭력주의에도 영향을 끼쳤으며 마이클 잭슨, 스티브 잡스 등 현대에 이르러서까지도 그 영향을 찾아볼 수 있다.

에머슨과 니체라는 조합은 조금 의외라고 느껴질지 모른다. 하지만 '삶의 방식으로서의 철학'을 추구했던 미국인 에머슨은 아무도 가지 않은 길을 개척한 니체에게는 길잡이 별이자 모델이었다. 삶을 긍정하고 낙관주의를 노래한 니체는 에머슨 없이는 논할 수 없다.

목사의 아들로 태어나 일찍이 아버지를 여의고 여성들의 손에 자란 니체는 평생 한 번도 만난 적 없는 에머슨을 '영혼의 형제'라고 여겼다고 한다.

니체는 17세에 에머슨의 독일어 번역본을 처음 접한 이후 광기의 늪에 빠지기까지 26여 년간 반복해서

탐독했다. 여행을 할 때에도 언제나 에머슨의 책을 들고 다녔을 정도로 에머슨에게 큰 위안을 받았던 것이다.

에머슨이 1838년 하버드 신학 대학에서 진행한 논란의 강연 내용 중에는 "마치 신이 죽은 것처럼"이라는 구절이 있다. 여기서 '마치 ~처럼'이라는 표현만 빼면 니체의 "신은 죽었다"가 된다.

니체가 애독했던 《처세론》에는 〈힘〉이라는 에세이가 실려 있다. 거기에서도 마찬가지로 그가 사랑했던 《에세이 제1집》과 《에세이 제2집》에서도 에머슨은 '힘'이라는 단어를 여러 차례 사용하고 있다. 니체가 얼마나 에머슨의 영향을 강하게 받았는지 짐작할 수 있다.

러시아의 문호 톨스토이가 에머슨을 애독했다는 사실도 빼놓을 수 없다. 동서고금의 작가들의 명언을 모은 선집인 《인생독본》은 톨스토이가 "이 책만은 계속 읽히기를 바란다"라고 염원하며 말년에 수차례 손을 본 저작으로, 톨스토이 인생의 가장 말기인 1908년에 출판됐다.

1년 366일에 걸쳐 명언을 모아 배열해 놓은 이 책의 〈1월 1일〉은 톨스토이 자신이 쓴 문장으로 시작된다. "부차적인 것, 불필요한 것을 많이 아는 것보다 진정으로 선하고 필요한 것을 조금 아는 편이 낫다"라는 문장에 이어서 곧바로 에머슨의 인용문이 시작된다. 에머슨의 인용은 《인생독본》의 모든 편에 걸쳐 다수 등장한다.

서양뿐만 아니라 인도와 중국의 사상가, 페르시아의 시인들과 같은 동양 고전에 대한 시선에서도 에머슨과의 공통점을 찾을 수 있다.

무엇보다도 에머슨은 알 만한 사람은 다 아는 자기계발서의 고전 〈자기 신뢰〉의 저자이기도 하다. 에머슨 하면 〈자기 신뢰〉, 반대로 〈자기 신뢰〉 하면 에머슨이 떠오를 정도로 에머슨은 이 한 권의 책과 깊이 연결돼 있다. 스스로를 믿고, 그 누구도 아닌 자기 자신에게 의지하는 것의 중요성을 설파한 선언문 같은 내용이 담겨 있다.

미국 최초의 흑인 대통령인 오바마 전 대통령이〈자기 신뢰〉를 애독서라고 공언하고 2009년 취임 연설에서도 언급한 이후, 미국뿐만 아니라 세계 곳곳에서 '에머슨 부활'이 시작됐다.

에머슨의 말들은 지금 읽어도 강렬한 인상을 주는 것들이 많다. 특히 현대인에게는 지금이야말로 읽어야 할 내용이라고 할 수 있을지도 모른다. 이 세상을 살아가는 현대인이 어떻게 자신감을 갖고 스스로를 믿고, 이 격동의 시대를 살아갈 것인지에 대한 지혜로 가득 차 있기 때문이다.

에머슨의 조언은 개인적인 수준에 그치지 않고, 자신이 속한 조직이나 국민으로서 국가 수준까지 확대해야 할 과제를 남겨 주기도 한다.

에머슨보다 에머슨의 말이
더 유명한 이유

에머슨은 본고장인 미국에서 정치적인 당파를 초월해 큰 영향을 미쳐 왔다. 그런 미국에서도 〈자기 신뢰〉 외의 저작들은 거의 읽히지 않은 듯하다.

그 이유는 '에머슨의 말'이 단편적으로 인용돼 문구 형태로 유통되고 있기 때문이다. 《인간관계론》으로 유명한 카네기가 인용한 에머슨의 말 역시 안타깝게도 출처가 불명확한 경우가 많다. 지금은 새롭게 만들어진 '에머슨의 말'이 퍼져 있다.

에머슨이 생애 동안 출간한 저작은 《자연》(1836), 《에세이 제1집》(1841), 《에세이 제2집》(1844), 《대표적 인물들》(1850), 《영국인의 국민성》(1856), 《처세론》(1860), 《사회와 고독》(1870)이며, 그 외에도 만년에 협력자들이 편집한 《문학과 사회적 목적》(1875)과 몇 권의 시집이 있다. 에머슨은 본인 스스로를 시인이라고 인식하고 있었던 것 같지만, 시인으로서 평가는 반드시 높다고만은 할 수 없다.

에머슨의 저작은 《자연》과 시집을 제외하면 대부분 강연 원고를 손본 것들이다. 《에세이 제1집》에 수록된 〈자기 신뢰〉도 그중 하나다. 에머슨의 문장은 에세이 형식을 취하고 있지만, 이야기의 전후 연결이 불분명하다고 비판하는 사람도 많다. 그 이유 중 하나는 본래 구두로 낭독하는 강연 원고로 준비한 글에 수정을 가해 출간했기 때문이라고 생각된다.

애초에 청중에게 강연이란 왠지 이해한 듯한 기분만 들면 되는 것이 솔직한 마음일 것이다. 아무리 열성 팬이라고 해도 강연 전체에서 한두 가지 단어나 표현이 마음에 꽂히면 그 나름대로 만족하는 법이다.

에머슨 본인도 마음에 드는 문구를 앞뒤 맥락과 상관없이 삽입하기도 했다. 이런 문구들은 그가 평생에 걸쳐 써 내려간 일기에서 발췌한 것이지만, 세상에 유행하고 있는 '에머슨의 말' 대부분이 바로 그런 문구들이다. 그만큼 단편적으로 인용되고 공유하기 쉬운 특성을 처음부터 갖고 있었던 것이다.

에머슨의 문장을 감상하는 법

이번 책에서는 에머슨의 대표 저서인 〈자기 신뢰〉를 중심에 두면서 지금은 거의 읽히지 않는 저작도 포함해 에머슨의 다양한 문장을 폭넓게 소개하기로 했다. 기본적으로 자기 계발형 문장을 중심으로 다루고 있다.

여러 페이지에 걸친 글을 압축해 한 페이지로 요약한 것도 있다. 에머슨의 문장은 앞뒤가 모순돼 보이는 경우가 적지 않을지도 모른다. 하지만 에머슨 자신이 〈자기 신뢰〉에서 "어리석은 수미일관이라는 것은 작은 마음이 만들어 내는 유령이다"라고 주장한 것처럼 있는 그대로 받아들이는 것이 좋다. 모순을 두려워해서는 안 된다.

에머슨의 문장은 '삶의 철학'으로서, 자기 계발의 말로서 혹은 일반적인 인생론으로서 등 다양한 방식으로 읽을 수 있을 것이다. 관심 있는 부분부터 자유롭게 읽어 보길 바란다.

에머슨의 문장은 읽어도 이해하기 어렵거나 어딘가 어색하게 느껴지고, 위화감이 들 때가 적지 않을지도 모른다. 한 번 읽어서 이해하지 못했다면 여러 번 읽어 보거나 시간이 지난 후 다시 읽어 보는 것도 좋다. 시간이 꽤 흐른 후에야 그가 말하고자 했던 바를 비로소 이해하게 되는 경험을 할지도 모른다.

벤저민 프랭클린과 앤드류 카네기를 잇는 위치에

있는 사람이 바로 에머슨이다. 에머슨을 아는 것은 현대 미국을 이해하는 열쇠가 될 뿐만 아니라 큰 영향을 받은 선인들을 아는 것이기도 하다.

2장
나의 성장에 대하여

3장
나의 인간관계에 대하여

4장
나의 부와 성공에 대하여

5장
나의 인생에 대하여

6장
나의 운명에 대하여

1장
·
나의 자신감에 대하여

자기 신뢰는 성공의 첫 번째 비결이다

〈성공〉, 《인생훈》(1860) 중에서

자기 신뢰는 성공의 첫 번째 비결이다. 그리고 그 신념은 다음과 같다. 당신이 지금 이 자리에 있는 이유는 우주의 권위가 당신을 이곳에 뒀기 때문이다. 그리고 어떤 이유에서든 당신의 성질에 꼭 맞도록 부여된 직무가 정해져 있고, 그 직무에 성실히 임하는 한 당신은 올바르게 가고 있고, 성공하고 있다.

이 말은 결코 남들의 눈길을 끌거나 만족시키기 위해 성급히 눈에 띄는 성과를 내라는 것이 아니다. 올바른 방향으로 노력하고 있다면 그것으로 충분하다.

나의 문제를
해결할 열쇠는
나에게 있다

〈경험〉, 《에세이 제2집》(1844) 중에서

    자기 신뢰라는 미덕은 도덕 가운데서도 가장 중요한 것이다. 더 적극적으로 자신을 발견하고 나만의 축을 확고히 하지 않으면 안 된다. 그러기 위해서는 남의 일을 대신 해 보려 하거나 타인의 문제를 끌어들이는 일을 삼가야 한다.

    자기와 타인을 구별할 줄 아는 것이야말로 지혜의 가장 주요한 교훈이다. 자신의 문제에 대처하기 위한 열쇠는 모두가 갖고 있다. 아무리 부정하려 해도 자신의 문제를 해결할 열쇠는 자신에게 있다.

동정심이 많은 사람은 매번 익사 직전인 사람들 사이에서 수영하고 있는 것 같은 딜레마에 빠진다. 모두가 그 사람에게 매달리려 하기 때문에 다리 하나, 손가락 하나라도 잡히면 그도 함께 물에 빠져 버리고 만다. 그들은 악덕이 만들어 내는 해악으로부터 벗어나고 싶어 하지만, 악덕 자체로부터 벗어나고 싶어 하진 않는다. 근본적인 원인이 아닌 겉으로 드러난 증상만을 보고 연민을 베풀어 봐야 아무 소용없다. 지혜롭고 용감한 의사라면 가장 먼저 이렇게 말할 것이다.

"당신 스스로 그곳에서 나오세요."

자신의 생각에 확신을 갖고 소리 내어 외칠 것

〈자기 신뢰〉, 《에세이 제1집》(1841) 중에서

자신의 생각을 믿는 사람, 자신의 마음속에 있는 진실이 모든 이가 생각하는 진실이라고 믿는 사람, 그런 사람이야말로 내가 말하는 '천재'다.

마음 깊은 곳에서 품고 있는 확신을 소리 내어 말해 보라. 그럼 확신은 보편적인 의미를 가질 것이다. 내면에 있는 것은 시간이 흐르면 외면에 나타나기 마련이기 때문이다. 설령 우리가 처음에 품었던 생각이 이 세상에서는 보답받지 못하더라도 결국 '최후의 심판' 때 울려 퍼질 나팔 소리와 함께 돌아올 것이다.

나의 존재를
납득시키려
애쓰지 마라

〈자기 신뢰〉,《에세이 제1집》(1841) 중에서

비록 내 재능이 부족하고 평범하다 할지라도 나는 이렇게 존재하고 있다. 나의 존재를 나 자신이나 내 동료들에게 납득시키기 위해 굳이 부차적인 증거까지 들이밀 필요는 없다. 내가 해야 할 일은 나에 관한 것이지 다른 사람의 생각에 관한 것이 아니다.

이는 어려운 일이지만 위대함과 평범함을 구별하는 데 도움을 준다. 이것을 지키기 어려운 이유는 세상에는 당신이 짊어져야 할 의무가 무엇인지 당신보다 잘 알고 있다고 생각하는 사람이 많기 때문이다.

내면에서 새어 나오는
희미한 빛을
마주하라

〈자기 신뢰〉, 《에세이 제1집》(1841) 중에서

《구약 성서》의 예언자 모세, 고대 그리스의 철학자 플라톤 그리고 영국의 시인 밀턴과 같은 정신의 지도자들이 칭송받는 이유는 책이나 전통 같은 외적인 것을 경멸하고, 다른 이들의 말이 아니라 자신이 생각한 바를 이야기했기 때문이다.

나의 내면에서부터 발산되고 정신을 비추는 희미한 빛을 놓치지 말고 주의 깊게 바라봐야 한다. 이는 눈부신 시인이나 현자들의 빛나는 업적을 바라보는 것보다 훨씬 더 중요한 일이다.

그럼에도 사람들은 자신의 생각을 알아차리지 못한 채 내버리고는 한다. 단지 그것이 자신의 생각이기 때문이다. 그리고는 자신이 버린 생각이 위엄을 갖춘 채 천재의 업적으로 돌아오는 것을 마주한다.

세상의 소리에 휩쓸리지 말고 자신의 직관을 따르라

〈자기 신뢰〉, 《에세이 제1집》(1841) 중에서

세상이 모두 반대의 목소리를 내는 순간이야말로 미소를 띠되, 단호하게 자신의 내면에서 자연스럽게 솟아오르는 직관을 따라야 할 때다.

그렇지 않은 채 내일이 되면 우리가 늘 생각하고 느끼는 그대로를 낯선 누군가가 적확하게 이해하고 표현하게 될 것이다. 그럼 그것이 자신의 생각임에도 타인의 생각으로 받아들여야만 한다.

내가 원하는 것은 이미 내 안에 있다

질투와 모방은 자살 행위다

〈자기 신뢰〉, 《에세이 제1집》(1841) 중에서

질투는 무지이고, 모방은 자살이다. 교육을 받는 과정에서 누구나 이 진리를 확신하게 된다.

좋든 싫든 자신을 광대한 우주의 한 부분이라고 받아들여야 한다. 설령 우주에 선이 가득 차 있다 하더라도 나에게 주어진 땅에서 땀 흘려 일하지 않으면 나를 먹여 살릴 곡식 한 톨조차 얻을 수 없다.

내 안에 깃든 힘은 자연 속에서 새로 태어난다. 무엇을 할 수 있는지 아는 사람은 오직 나뿐이다. 게다가 해 보기 전까지는 그 사실을 결코 알 수 없다.

내 안에서
울려 퍼지는 확신은
타인의 마음을 흔든다

〈자기 신뢰〉, 《에세이 제1집》(1841) 중에서

　자신을 믿어라.

　내면의 쇠줄에서 울려 퍼지는 맑은 울림은 모든 이의 마음을 흔들고 공명시킬 것이다. 신의 섭리가 당신을 위해 찾아 준 자리를 받아들여라. 당신과 같은 시대를 살아가는 사람들과 어울려라. 다양한 사건이 만들어 내는 인연을 받아들여라.

본성 외에
따라야 할
신성한 법칙은 없다

〈자기 신뢰〉,《에세이 제1집》(1841) 중에서

아직 한참 젊었던 시절, 신도들로부터 존경받던 교회의 고문에게 충동적으로 내뱉어 버린 말을 기억한다. 그 사람은 교회의 오래된 중요한 교리를 귀찮을 정도로 강요하던 사람이었다. 그때 이런 대화를 나눴다.

"우리가 완전하게 내면의 목소리를 따라 살아간다면 신성함에 대해 우리는 어떻게 해야 합니까?"
"하지만 그런 충동은 지옥에서 올라오는 것이지 하

늘에서 내려오는 것은 아니지 않겠소?"

"저는 그렇게 생각하지 않습니다. 제가 만약 악마
의 자식이라면 악마를 따르며 살면 그뿐입니다."

나에게는 자신의 본성에서 우러나오는 것 외에 신
성한 법칙 같은 것은 존재할 수 없다.

자신의
잠재력을
과소평가하지 마라

〈자기 신뢰〉, 《에세이 제1집》(1841) 중에서

자신의 가치를 알고 모든 것을 발아래에 둬야 한다. 하지만 평범한 사람들은 스스로의 가치를 발견하지 못하고 탑과 조각상을 올려다보며 비참한 감정을 느낀다. 탑을 쌓고 대리석 조각상을 만들 힘이 자신 안에도 있음을 깨닫지 못한다.

그 모든 것은 본래 당신의 소유물이다. 그 힘은 당신이 그 사실을 알아채고, 능력을 발휘해 자신의 것으로 삼아 주기를 간절히 바라고 있는 것이다.

다른 사람의
말과 행동에
휘둘릴 필요 없다

〈자기 신뢰〉, 《에세이 제1집》(1841) 중에서

　고독이 세상과 거리를 두는 기계적이고 반성 없는
행동이 돼서는 안 된다. 영적인 것, 즉 정신적 향상을
목표로 해야 한다.

　가끔은 세상 전체가 아주 사소한 일로 당신을 괴롭
히기 위해 한데 모여 음모를 꾸미는 것처럼 느껴질
때가 있다. 친구, 거래처, 자녀, 병, 공포, 결핍, 자선
같은 온갖 일들이 동시에 내면의 문을 두드리며 "자,
이쪽으로 와" 하고 유혹한다. 그럴 때는 당황하지 말
고, 묵직하게 자리 잡고 있으면 된다.

우리는 움직이고 존재하는 한 끊임없이 나아간다

〈자기 신뢰〉, 《에세이 제1집》(1841) 중에서

지금 살아 있는 것만이 의미가 있으며, 지금까지 살아온 것은 아무런 쓸모가 없다. 움직임이 멈춘 순간 힘은 멈춘다. 진정한 힘이란 과거에서 다음의 상태로 이행하는 순간, 즉 깊은 심연을 뛰어넘어 목표를 향해 돌진할 때 나타난다.

이 힘은 확신에 의해 고정된 어떤 것이 아니라 지금 이 순간 실제로 움직이고 있는 것이다. 왜냐하면 나는 지금도 움직이고, 지금 여기 존재하고 있기 때문이다.

얼굴은
절대로 거짓말을
하지 않는다

〈영적 법칙〉, 《에세이 제1집》(1841) 중에서

인격은 늘 스스로를 표현한다. 순식간에 사라지는 말이나 행동, 무언가를 하려는 몸짓이나 은근한 암시도 모두 인격을 드러내는 표현이 된다. 움직이고 있을 때도, 앉아 있을 때도, 잠들어 있을 때조차도 인격은 분명하게 드러나고 만다.

자연계에서는 다른 무언가처럼 보이게 하려는 위장 능력에 큰 제약이 주어져 있다. 설령 본래의 의도와 달리 행동하려 해도 몸은 정직하게 반응하고 마는 것이다. "얼굴은 절대로 거짓말을 하지 않는다"라는 말이 있다. 표정의 변화를 주의 깊게 관찰하는 사람은 결코 속지 않는다.

진심으로 진실을 말할 때 그 사람의 눈은 하늘처럼 맑고 투명하다. 하지만 비열한 목적을 위해 거짓을 말할 때 그 눈은 탁하고, 비뚤어진 시선을 띠게 된다.

영혼은
능력이 아니라
빛이다

〈초영혼〉, 《에세이 제1집》(1841) 중에서

(014)

대화를 나눌 때, 몽상에 잠겨 있을 때, 후회로 괴로워할 때, 격렬한 감정에 휩싸일 때, 놀랄 때, 꿈속에서 계시를 받을 때 자신에게 어떤 일이 일어나고 있는지 생각해 보면 점차 깨닫게 되는 것이 있다.

영혼은 능력이 아니라 '빛'이라는 것이다. 영혼은 지성과 의지를 마음대로 다룰 수 있다. 빛이 우리 안쪽에서 혹은 등 뒤에서 우리를 통과해 세상을 비출 때 우리는 자신이 무(無)이며 빛이 전부라는 것을 깨닫게 된다.

재산에 대한 집착은 자기 신뢰가 부족하다는 증거다

〈자기 신뢰〉, 《에세이 제1집》(1841) 중에서

재산을 신뢰하는 것은 재산을 지켜 주는 정부에 대한 신뢰까지 포함해 자기 신뢰가 부족하다는 증거다. 사람들은 종교, 학문 그 외의 여러 민간 제도를 재산의 수호자로 여기며 존중해 왔다. 그 때문에 이런 민간 제도에 대한 비난을 곧 자신의 재산에 대한 공격이라고 느끼고 비난한다. 그 사람이 가진 것으로만 판단하고, 그 사람 자체로 판단하지 않는다.

하지만 교양 있는 사람은 자신의 재산을 부끄러워한다. 재산은 자신에게 속한 것이 아니라 혁명이나 강도에게 빼앗기지 않았기에 그곳에 남아 있을 뿐이라고 생각하기 때문이다. 제4대 칼리프 알리는 이렇게 말했다.

"인생의 운이라는 것은 너의 뒤에서 쫓아오는 것이다. 따라서 행운을 바라며 안달복달해서는 안 된다."

자신의 외부에 있는 것에 의존하는 것은 노예처럼 숫자를 숭배하는 것과 다름없다.

마음속에서
피어나는
직관에 집중하라

〈자기 신뢰〉, 《에세이 제1집》(1841) 중에서

016

직관은 후천적으로 주어지는 교육과는 전혀 다른 것이다. 이 심오한 힘 속에는 분석을 통해서는 도달할 수 없는 궁극의 진실이 존재하고, 그 배후에 모든 사물의 공통된 기원이 숨어 있다. 마음이 고요할 때 직관이 어떻게 일어나는지는 모른다. 그러나 영혼 깊은 곳에서 피어오르는 직관이라는 존재감은 사물이나 공간, 빛, 시간, 인간과 다르지 않으며 그것이 하나가 돼 생명과 존재라는 동일한 근원으로부터 생겨난다.

인간은
자신이 믿는 것만
본다

〈경험〉, 《에세이 제2집》(1844) 중에서

우리는 꿈에서 꿈으로 실려 가고, 꿈에서는 끝없는 환상이 이어진다. 인생은 실로 꿴 구슬처럼 일련의 감정의 흐름이다. 그런 감정들을 지나가다 보면 그것들이 다양한 색을 띤 렌즈라는 사실을 깨닫는다. 각각의 렌즈는 세상을 자기 색으로 물들이며, 자신의 초점에 맞는 것밖에 보여 주지 않는다.

우리는 자신이 할 수 있는 것에 생명을 불어넣고, 자신이 생명을 부여한 것만을 본다. 자연도, 책도 그것을 바라보는 사람에게만 속한다. 아름다운 노을이

나 훌륭한 시가도 그것의 가치를 알아보는 사람의 감
정 상태에 따라 달라진다.

하늘로부터 받은 재능도, 그 사람의 눈이 지나치게
볼록 렌즈거나 오목 렌즈여서 현실 세계의 시야에
제대로 초점을 맞출 수 없다면 과연 무슨 소용이 있
을까?

인생이란
마음 가는 대로 하는
실험일 뿐이다

〈원〉,《에세이 제1집》(1841) 중에서

나는 무의식적으로 스스로를 정당화할 때가 있다. 내 머리로 생각하고, 내 마음이 가는 대로 행동한다. 나는 내가 한 일에 대해 평가받고 싶지도, 내가 하지 않은 일에 대해 의심받고 싶지도 않다. 그런 식으로 비춰지면 마치 내가 무엇이 진실이고 거짓인지를 판단하고 있다는 오해를 살 수 있기 때문이다. 나는 모든 것을 뒤흔들고 싶다. 나는 그저 실험을 할 뿐이다. 나는 과거를 짊어지지 않고 끝없이 탐구하는 사람일 뿐이다.

재능은
하늘이 내린
사명이다

〈영적 법칙〉, 《에세이 제1집》(1841) 중에서

재능이란 하늘로부터 부여받은 사명이다. 사람은 마치 강 위에 떠 있는 배와 같다. 배는 여기저기에서 장애물에 부딪히지만, 단 하나의 방향으로만 나아가면 모든 장애물은 사라지고, 점점 깊어지는 수로를 따라 마침내 끝없는 바다로 나아간다.

자신이 가진 능력에 귀를 기울이면 기울일수록 그 사람의 일은 다른 누구의 일과도 비교할 수 없어진다. 누구에게나 오직 자신만이 할 수 있는 일이 사명으로 주어지며, 그 외의 것에 이끌리는 사람은 없다.

사람의
본성은
숨길 수 없다

〈영적 법칙〉, 《에세이 제1집》(1841) 중에서

　말이나 행동은 감출 수 있어도 본성은 절대 숨길 수 없다. 어두운 안색이나 저급한 표정, 찌질하고 상식이 결여된 행동은 자신도 모르게 비밀을 누설해 버린다. 다른 인상이 아무리 좋다 하더라도 모든 걸 망쳐 버린다. 왜인지 믿음을 주지 못하는 것이다.

　공자는 이렇게 외치지 않을 수 없었다.

　"사람이 어찌 본성을 숨길 수 있겠는가! 숨길 수 있겠는가!"

문득 떠오른 생각이 삶의 방향을 결정한다

〈영적 법칙〉, 《에세이 제1집》(1841) 중에서

진짜 행동은 침묵의 순간에 이뤄진다. 인생의 방향을 바꾸는 사건은 직업을 선택하거나, 결혼을 하거나, 사무실을 차리는 것처럼 눈에 보이는 이벤트가 아니다. 길을 걸을 때 문득 조용히 떠오른 하나의 생각에 의해 모든 것이 결정된다. 그 생각은 삶의 모든 방향을 바꾸며 이렇게 말한다.

"지금까지는 이렇게 살아왔지만, 앞으로는 이렇게 하는 것이 좋겠다."

사람이 추구하는 것, 즉 이런 침묵의 순간에 떠오르는 생각은 자신의 내면에 햇살을 비추고, 온몸 구석구석까지 퍼뜨린다. 그 결과, 이를테면 식사가 됐건 가족과의 관계가 됐건 예배의 방식, 인간관계, 오락, 투표, 반항이 됐건 어떤 분야를 들여다봐도 모든 곳에 자기 자신의 인격이 올바르게 드러난다.

어디로 가는지
모를 때
가장 높은 곳에 이른다

〈원〉, 《에세이 제1집》(1841) 중에서

우리가 진정으로 바라는 건 단 하나다. 바로 나를 잊고 몸에 밴 형식이나 예절을 벗어던지고 기억도, 방법도, 이유조차도 모른 채 무언가를 하는 것이다.

역사상 위대한 일들은 항상 그런 열정이나 몰입 없이는 이뤄지지 않았다. 17세기 영국의 청교도 혁명을 이끈 지도자 크롬웰은 이런 말을 했다.

"사람은 자신이 어디로 가는지 모를 때 오히려 가장 높은 곳에 이를 수 있다."

나에게
필요한 것은
반드시 끌려 온다

<초영혼>, 《에세이 제1집》(1841) 중에서

○23

진정으로 당신을 위해 존재하는 것은 반드시 당신에게 끌려온다. 믿어라. 당신이 살아 있듯이 세상의 모든 목소리는 결국 당신에게 닿고, 당신의 귀 안에서 울려 퍼질 것이다!

당신을 도와주고 위로가 돼 줄 온갖 격언과 책, 흔한 말들조차 본래 당신을 위한 것이다. 우여곡절을 겪든 아니든 반드시 당신에게 돌아오게 돼 있다. 만약 당신의 마음속 깊은 곳에서 간절히 원하는 친구가 있다면 그 친구도 반드시 당신을 껴안아 줄 것이다.

왜냐하면 당신 안에 있는 그 마음은 곧 모든 사람의 마음이기 때문이다.

자연계의 모든 곳에는 흐름을 막는 밸브도, 길을 가로막는 벽도, 막히는 교차로도 없다. 그렇게 사람들 사이에서 혈액은 끊임없이, 계속 순환을 이어 간다. 지구상의 물이 결국 하나의 바다이듯 잘 들여다보면 조류의 흐름도 결국 하나라는 것을 알 수 있다.

내가 중요하다고
생각하는 것은
언제나 옳다

〈영적 법칙〉, 《에세이 제1집》(1841) 중에서

사람은 하나의 '방법'이며 '선택의 원리'고, 어딜 가든 결국 자기와 닮은 사람을 끌어당긴다. 자신의 주변을 맴도는 것들 가운데서도 자기다운 것만을 골라낸다. 마치 쇳조각 더미 속에 놓인 자석처럼 말이다. 어떤 사실이나 말, 인물들이 기억 속에서 지워지지 않고 오래 남는 이유는 그것들과 나 사이에 중요한 관계가 맺어져 있기 때문이다. 당신의 마음이 위대하다고 여기는 것이 곧 위대한 것이다. 당신의 영혼이 중요하다고 여기는 것이 언제나 옳은 것이다.

내면으로
말하지 않는 사람은
그저 방관자다

〈초영혼〉,《에세이 제1집》(1841) 중에서

세상에는 이야기의 달인들이 있다. 이런 사람들은 자신의 바깥에서 말하는 사람들이다. 반면 자신을 잊고 몰입해 거의 광신자가 되는 사람은 자신의 내면에서 말하는 사람이다. 이 둘 사이에는 큰 차이가 있다.

내면에서 말하는 사람은 어떤 일을 직접 겪은 당사자로서 이야기하는 데 반해, 자신의 바깥에서 말하는 사람은 그저 방관자로서 제삼자의 증언을 통해 알게 된 사실을 전달하는 것에 불과하다.

나를 외부에서 훈계하는 건 소용없다. 그 정도는

나도 얼마든지 할 수 있다. 스승으로서의 예수는 늘 내면에서 말했으며 그를 넘어설 자가 없을 정도였다. 그래서 그 속에 기적이 있는 것이다. 나는 예전부터 그렇게 믿고 있었다.

이런 교사의 등장을 모든 사람이 간절히 바라고 있다. 만약 내면에서 당사자로서 말하지 않는 교사가 있다면 그 사람은 겸허하게 고백해야만 한다.

내가 원하는 것은 이미 내 안에 있다

내가 나를
믿지 않으면
뜻은 전해지지 않는다

〈영적 법칙〉, 《에세이 제1집》(1841) 중에서

나는 경험이 풍부한 법률 고문에게 이런 이야기를 들은 적이 있다. 자신의 의뢰인이 유죄 판결을 받을 리 없다고 마음 깊이 믿는다면 판사나 배심원 따위는 전혀 두려워할 필요가 없다는 것이다. 하지만 만약 자신이 그렇게 믿지 않는다면 아무리 변호를 잘해도 그렇게 믿고 있지 않다는 사실이 배심원들에게 그대로 전달된다고 한다.

자신이 믿지 않는다면 아무리 반복해서 말하더라도 정확하게 표현할 수 없다.

신념은
사람의 마음을
사로잡는다

〈웅변〉, 《사회와 고독》(1870) 중에서

사건에는 늘 어떤 위기가 있으며, 그런 의식이 연설을 탁월하게 만든다. 이 위기감이 연설가를 자신이 주장하는 대의로 깊게 끌어당기고, 힘을 한 점에 집중시키는 것이다. 연설가란 아름다운 말을 하는 사람이 아니라 마음속의 어떤 신념에 도취된 사람이다. 그 신념은 연설가의 마음을 뒤흔들고 갈라놓는다. 아마도 표현할 수 있는 힘을 앗아갈 정도일 것이다. 그러다가 짧고 갑작스러운 외침처럼 격류를 일으킨다.

올바른 것은 오직 나의 본성에 따르는 것뿐이다

〈자기 신뢰〉,《에세이 제1집》(1841) 중에서

선도 악도 단지 명목에 불과하다. 선악은 너무나 쉽게 뒤바뀐다. 진정으로 올바른 것은 오직 나의 본성에 따르는 것뿐이다. 부정한 것은 나의 본성에 반하는 것뿐이다. 어떤 반대에 직면하더라도 자신 외의 모든 것이 명목에 불과한 것처럼 행동해야 한다.

우리가 얼마나 쉽게 신분이나 이름, 거대 단체나 죽은 조직에 굴복해 버리는지 그 사실만 떠올려도 부끄러워진다. 우리는 그럴 때마다 자세를 바로 하고, 발랄하게 따끔한 진실을 말해야 한다.

자신에게
집착하는 사람만이
거장이 된다

〈자기 신뢰〉, 《에세이 제1집》(1841) 중에서

자신 자신에게 집착하라. 결코 남을 따라 하지 마라. 하늘이 당신에게 준 재능은 언제, 어느 순간이든 보여 줄 수 있다. 그것은 인생을 걸고 쌓아 온 당신의 힘이기 때문이다. 하지만 타인의 재능을 빌려 왔다면 그것은 임시방편에 불과하며 반쪽짜리 힘일 뿐이다.

셰익스피어를 가르칠 수 있는 스승이 과연 어디에 있겠는가? 프랭클린, 워싱턴, 뉴턴은 어떻단 말인가? 위대한 사람은 모두 유일무이한 존재다. 셰익스피어를 아무리 연구해도 셰익스피어가 될 수는 없다.

순진무구한 사람은
언제 어디서든
무적이다

〈자기 신뢰〉,《에세이 제1집》(1841) 중에서

어른은 한번 자신의 대사나 연기로 갈채를 받으면 죄수가 돼 버린다. 수백 명의 공감이나 혐오에 감시당하고, 그들의 의향을 무시하고 행동할 수 없다.

이처럼 죄인 상태에 놓여 있으면서도 자신의 언행을 모두 무효화하고, 있는 그대로 편견 없이 받아들이고, 흡수되는 것도 두려워하지 않는 순진무구한 사람은 무적임에 틀림없다. 이런 사람은 자신의 눈앞을 지나가는 사건들을 개인적인 일이 아니라 필연적인 일로 보고 의견을 말한다.

인생의 고비를 이겨 내고
목사로 살기를 결심하다

에머슨은 극적인 인생을 산 사람은 아니었다. 정치가도, 실업가도 아니었다. 기본적으로 대부분의 시간을 서재에서 보낸 학자였다. 강연 여행을 나서는 경우를 제외하면 자연이 풍요로운 지방 도시에서 생애의 대부분을 보냈다.

하지만 인생의 전반부에는 개인적인 불행과 고난을 많이 겪었다. 8살 때 유니테리언파의 목사였던 아버지를 여의고, 형제가 많은 한부모 가정에서 경제적으로 어렵게 자랐다.

에머슨은 형편이 어려운 와중에도 하버드대학교를 졸업했지만, 성적은 중간 정도로 우등생은 아니었다. 뛰어난 동생에게 늘 열등감을 느꼈고, 대학 졸업 후에도 자신의 장래에 대해 뚜렷한 목표나 방향성을 갖고 있지도 않았다.

본격적으로 공부하고 싶다는 생각이 싹트면서 가업이라고 할 수 있는 목사가 되기 위해 신학 대학원에 입학했다. 목사가 되고 마침내 인생의 방향성이 보이기 시작했다.

2장
·

나의
성장에
대하여

성장이란
매일 과거를
벗어던지는 일이다

031

〈보상〉,《에세이 제1집》(1841) 중에서

성장이란 짧은 간격으로 번영과 파괴를 반복하는 변화다. 이는 성장이 자연계의 법칙임을 보여 주는 것이기도 하다.

어떤 사람이든 그 사람 안에 내재된 필연성에 밀려 친구나 가정, 법률이나 신앙 등 자신을 둘러싼 전체적인 체계를 버리고 새로운 집을 짓는다. 마치 새우나 게가 성장의 한계에 다다르면 스스로 낡은 껍질을 벗어 버리는 것처럼. 이런 내면의 혁명은 개개인이 가진 활력에 따라 빈번하게 일어나며, 행복한 사람에게는 끊임없이 지속된다. 계속 성장해 나간다면 오늘은 어제와는 전혀 다른 존재로 변화할 것이다.

과거의 환경은 옷을 갈아입듯이 매일 벗어 던져야 한다. 성장을 거부하고 나태한 상태로 있는 사람에게 성장은 충격과 함께 다가올 것이다.

절망과
자기 연민은
삶을 방해한다

032

〈수상여록〉,《인생훈》(1860) 중에서

힘은 쾌활함과 함께 존재한다. 희망은 우리에게 일할 기분을 북돋아 준다. 하지만 절망은 아무것도 만들어 내지 못하고, 활동적인 힘의 리듬을 깨뜨린다.

인간은 인생과 자연을 자신에게 행복한 것으로 만들어야 한다. 그렇지 않으면 차라리 태어나지 않는 편이 낫다. 정치 경제학자가 비생산적인 계층을 나열할 때 가장 먼저 꼽아야 할 사람들은 자기 자신을 불쌍히 여기고, 누군가의 동정을 애타게 바라보며, 상상 속의 불행을 한탄하는 이들이다.

관습에 얽매일
필요 없이
나에게만 전념할 것

〈자기 신뢰〉, 《에세이 제1집》(1841) 중에서

당신에게는 이미 죽어 있는 관습들이 여럿 있을 것이다. 하지만 그런 관습을 따를 필요는 없다. 그저 에너지를 낭비할 뿐이기 때문이다. 시간 낭비일 뿐만 아니라 당신이라는 인격의 인상이 흐릿해질 뿐이다.

당신은 당신의 일을 해야 한다. 그래야 내가 당신이라는 사람이 어떤 사람인지 알 수 있다.

당신은 당신의 일을 해야 한다. 그래야 스스로를 더 강하게 만들 수 있다.

위대하다는 것은
갈릴레오와 뉴턴처럼
오해받는 것이다

〈자기 신뢰〉, 《에세이 제1집》(1841) 중에서

어리석은 일관성이라는 것은 작은 마음이 만들어 낸 유령으로 소심한 정치가, 철학자, 성직자들이 끝없이 숭배하는 것이다.

차라리 벽에 비친 자신의 그림자에 관심을 갖는 편이 낫지 않을까? 지금 내가 생각하는 것을 그대로 말하면 된다. 오늘의 발언과 전부 모순된다고 하더라도 내일은 내일 생각한 것을 다시 말하면 되는 것이다.

"하지만 그렇게 하면 분명 오해받을 거예요."

이런 목소리가 들리기도 한다. 하지만 오해받는 것이 그토록 나쁜 일인가? 피타고라스도 오해받았고, 갈릴레오도 뉴턴도 오해받았다. 과거 순수하고 지혜로운 영혼을 지닌 모든 위대한 인물이 오해를 받아왔다. 위대하다는 것은 오해받는 것이다.

옳은 일이라고
생각한다면
지금 당장 행하라

〈자기 신뢰〉, 《에세이 제1집》(1841) 중에서

(035)

마음에서 우러나온 당신의 행동은 그 자체로 설명이 된다. 당신이 진심으로 행한 다양한 행동도 마찬가지다.

위대함이란 미래를 향해 어필하는 것이다. 만약 내가 지금 이 순간 옳은 일을 하고 세상의 시선을 경멸할 수 있다면 이전부터 나를 지키는 것보다 옳은 일을 해 왔던 것이다.

어찌 됐건 옳은 일을 지금 행하라. 겉모습의 그럴듯함은 언제나 경멸하라.

아이처럼
본성을 거스르지 말고
아첨하지 마라

〈자기 신뢰〉, 《에세이 제1집》(1841) 중에서

아이는 어른과 달리 자신의 본성에 반하는 행동을 하지 않는다.

아이의 정신은 분리되지 않은 하나의 전체이며, 그 눈빛은 그 무엇에도 굴복하지 않는다. 그렇기 때문에 어른이 아이의 얼굴을 들여다보면 자신도 모르게 당황하게 되는 것이다.

어린아이는 누구에게도 아첨하지 않는다. 오히려 모두가 어린아이에게 아첨하고, 서툴게 말을 걸고 함께 놀아 준다.

내가 원하는 것은 이미 내 안에 있다

마치 왕이 된 듯 독립적이고 당당하게 판단할 것

〈자기 신뢰〉, 《에세이 제1집》(1841) 중에서

037

저녁 식사 걱정이 없는 소년들은 걸인처럼 아부하는 사람을 왕처럼 당당하게 경멸한다. 그 무심함은 인간 본성에 기반한 건강한 태도다.

소년은 응접실에서 지나가는 사람들을 내다보며 소년 특유의 자유롭고 무책임한 시선으로 평가하고 즉각적인 판결을 내린다. 그리고 절대 그 판결 내용이 미칠 영향이나 이해관계에 얽매이지 않는다. 무엇에도 속박되는 법이 없는 독립적이고 진정한 판단을 내린다.

후회와 불만 대신 내가 할 수 있는 일에만 집중하라

〈자기 신뢰〉, 《에세이 제1집》(1841) 중에서

거짓된 기도에는 후회도 있다. 불만은 자기 신뢰가 부족해서 생겨나는 것이다. 즉 의지가 약하기 때문에 불만이 생기는 것이다.

재난 때문에 고통받는 사람을 도울 수 있다면 마음껏 후회해도 좋다. 하지만 그럴 수 없다면 자신의 일에 전념하라. 그럼 곧 재난에도 익숙해지기 시작할 것이다. 동정심이라는 것은 후회와 마찬가지로 비천한 것이다.

어리석게 훌쩍훌쩍 우는 자가 있다면 전기 충격을

줘 진실을 깨닫게 하고, 건강을 부여하는 대신 그 옆에 앉아 함께 눈물을 흘리면 된다. 그렇게 해서 훌쩍훌쩍 우는 자가 스스로와 마주할 수 있도록 도와야 한다.

내일이 되면
생각이 바뀌는 건
당연하다

〈원〉, 《에세이 제1집》(1841) 중에서

　우리에게는 다양한 기분이 있으며 그 기분들 중에는 서로 상반되는 것도 있다. 오늘의 나는 온갖 생각으로 가득 차 있고, 쓰고 싶은 것을 마음껏 쓸 수 있다. 내일이 되면 오늘처럼 쓸 수 없게 되리라고는 생각조차 하지 않는다. 내가 쓰는 글은 쓰고 있는 그 순간에는 세상에서 가장 자연스러운 것처럼 느껴진다.

　오늘은 얼마든지 쓸 수 있을 만큼 잘 써지지만 어제는 전혀 그러지 못했다. 눈에 보인 것은 황량한 공허뿐이다. 그리고 한 달쯤 지나면 분명 이렇게 여러 페이지를 연달아 써 내려 간 사람이 누구인가 하며 신기해할 것이다.

아아, 얼마나 슬픈 일인가. 의지가 약한 이 신념, 힘이 없는 이 의지, 만조는 거대한 썰물로 바뀌어 버렸다! 나는 본성적으로는 신인데 결국 담벼락 옆에 자라는 잡초에 불과하다니.

말로만 변화를
외치는 사람은
사회를 바꿀 수 없다

〈뉴잉글랜드 개혁가들〉, 《에세이 제1집》(1844) 중에서

우리는 지금까지 수많은 제도에 대한 비판과 공격을 목격해 왔는데, 그 과정에서 분명해진 사실이 하나 있다. 그것은 사람이 자신을 변화시키지 않고는 자신의 주위 환경을 아무리 바꾸려 해도 사회에 어떤 이익도 줄 수 없다는 점이다.

그런 사람은 특정 문제에 관해서는 지루할 정도로 선량하게 행동하지만, 그 외의 문제에 관해서는 게으르거나 편협한 태도를 보인다. 그 결과, 위선과 허영으로 가득 찬 실망스러운 결과를 초래하기도 한다.

군중에
휩쓸리지 말고
혼자서 가라

〈자기 신뢰〉, 《에세이 제1집》(1841) 중에서

이제 우리는 그저 군중에 불과하다. 인간은 더 이상 다른 인간 앞에 서서 경외심을 품지도 않고, 자신 안에 있는 내면의 바다와 대화하라는 가르침을 받지도 않는다. 그저 타인에게 지혜라는 한 잔의 물을 얻기 위해 밖으로 나간다.

혼자서 가자. 나는 목사의 설교가 시작되기 전의 고요한 교회를 좋아한다. 그때 모여든 사람들의 표정은 세속에서 벗어나 맑고 겸허하다. 마치 각자 사찰이나 성역에 둘러싸여 있는 것처럼 말이다.

신은
묵묵히 혼자 걷는
이에게 찾아온다

〈자기 신뢰〉, 《에세이 제1집》(1841) 중에서

042

　행운의 비결은 기쁨을 자신의 두 손 안에 쥐고 있는 것이다. 독립적으로 걷는 사람은 신들에게도, 사람들에게도 언제나 환영받는 존재다.

　그런 사람 앞에서는 모든 문이 활짝 열리고, 모든 나라의 언어로 환영이 쏟아지며, 모든 영예가 수여되고, 그 사람과 친해지고 싶어 모든 사람의 시선이 그를 좇는다. 그는 아무것도 바라지 않기에 우리의 사랑은 자연스레 그를 향하고, 우리는 그를 안아 주러 다가간다. 그가 자신의 길을 묵묵히 걸으며 우리의 비방과 중상을 비웃었기 때문에 비로소 간절히 원하고, 사죄하듯이 애무하고, 찬양하게 되는 것이다. 사람들이 미워했기에 비로소 신들은 독립적으로 걷는 사람을 사랑하는 것이다.

조로아스터교의 창시자 조로아스터는 이렇게 말했다.

"참을성 있게 견뎌 내는 사람 곁에는 신들이 즉시 찾아온다."

선한 사람은
약점과 단점마저
장점으로 만든다

<보상>, 《에세이 제1집》(1841) 중에서

선한 사람은 자신의 약점과 단점마저도 장점으로 만든다. 자만의 씨앗이 해가 되지 않은 사람이 없듯이, 단점이 도움이 되지 않았던 사람도 없다.

이솝 우화에서 사슴은 스스로도 감탄할 만큼 멋진 뿔을 자랑스러워했지만, 자신의 가늘고 빈약한 다리를 저주했다. 그러다 사자가 나타나면 그 다리 덕분에 도망칠 수 있었다.

누구든 자신의 단점에 감사하며 살아가야 한다.

쓰러지지 않으면 일어설 기회조차 주어지지 않는다

〈보상〉, 《에세이 제1집》(1841) 중에서

위대한 사람은 언제나 겸손하려 한다. 자신에게 유리한 상황이라는 편안한 쿠션에 앉아 있으면 자기도 모르게 잠들어 버리기 쉽기 때문이다.

쫓기고, 고통받고, 쓰러지지 않으면 진정한 배움의 기회는 찾아오지 않는다. 쓰러져 봐야 비로소 자신의 지혜와 용기를 제대로 발휘할 수 있다. 다양한 사실을 파악하고, 스스로 무지하다는 걸 깨닫고, 자만이라는 광기에서 벗어나 정신을 차리고 나서야 진정한 절제와 진짜 실력을 갖출 수 있다.

현명한 사람은 도망치지 않고 오히려 자신을 공격하는 이들 속으로 몸을 던진다. 자신의 약점을 발견하는 일은 적에게 유리한 일이 아니라 결국 자기 자신에게 이익이 되기 때문이다. 상처를 입더라도 시간이 지나면 딱지가 떨어지고 새로운 피부가 고개를 내민다. 공격했던 자들이 이겼다고 자만하더라도 보라! 당신은 이제 불사신처럼 다시 일어설 것이다.

칭찬하는 말보다
비난하는 말에
더 익숙해질 것

〈보상〉, 《에세이 제1집》(1841) 중에서

비난받는 것이 칭찬받는 것보다 오히려 더 안전하다. 나는 신문에 나를 변호하는 글이 실리는 게 싫다. 신문에 나에 대한 비판이 실리는 경우에는 오히려 성공을 보장받은 것 같은 느낌이 든다. 반면 나를 칭찬하는 달콤한 말들이 나오면 마치 적 앞에 무방비로 드러누운 것 같은 기분에 사로잡힌다.

하와이의 주민들은 자신이 죽인 적의 힘과 용기가 자신 안에 들어온다고 믿는다. 유혹에 저항할 수 있는 자만이 그 강인함을 손에 넣을 수 있다.

상실감은
언제나 우리를
성장하게 만든다

〈보상〉, 《에세이 제1집》(1841) 중에서

재난의 의미는 시간이 많이 흐른 뒤에야 비로소 이해할 수 있다. 고열에 시달리거나, 팔다리를 다치거나, 가혹할 정도로 좌절하거나, 재산이나 친구를 잃으면 그 순간에는 상실감을 메꿀 수도, 회복할 수도 없을 것만 같다. 하지만 시간이 흐르면 그 의미는 분명해진다.

친한 친구나 배우자, 형제자매, 연인의 죽음은 박탈이라고밖에 여겨지지 않지만 시간이 흐르면 그 존재가 마치 나를 인도해 주는 길잡이 혹은 보이지 않는 수호신처럼 느껴진다.

이런 재난은 어린 시절이나 젊은 시절을 끝내 버리고 친숙한 일이나 가정, 삶의 방식까지 파괴한다. 그러나 동시에 우리의 인격이 더 성장할 수 있도록 새로운 무언가를 만들 수 있게 한다.

모든 것을 버리면 더 많이 얻을 수 있다

〈지성〉, 《에세이 제1집》(1841) 중에서

있는 그대로 모든 것을 받아들이는 것이 중요하다. 예수는 "아버지도 어머니도 버리고, 집도 땅도 버리고 나를 따르라"라고 말했다. 모든 것을 버리면 더 많은 것을 얻게 된다. 이 말은 도덕적으로도, 지적으로도 진리일 수밖에 없다.

시간이 조금 지나면 처음의 충격과 환멸도 과거의 일이 되고, 더 이상 불안하게 만드는 유성이 아니라 하늘의 고요한 별이 돼 당신의 전 생애를 비추는 빛과 섞이게 될 것이다.

성장은 실제로
꿈을 이루기 전까지는
눈에 보이지 않는다

〈원〉,《에세이 제1집》(1841) 중에서

인생은 놀라움의 연속이다. 삶을 세워 나갈 때 내일의 기분이나 기쁨, 활력은 오늘은 알 수 없다. 영혼의 성장이나 보편적인 움직임은 신의 손에 의한 걸작이기에 인간의 눈에는 보이지 않는다. 예측 불가능한 것이다. 진리가 신성하고 우리에게 도움이 된다는 것까지는 알 수 있다.

하지만 어떤 식으로 우리를 돕는지는 짐작조차 할 수 없다. 실제로 그렇게 돼 보는 것만이 진리라는 사실을 알게 되는 유일한 문이기 때문이다.

다른 관점에서 봐야
다른 가치를
발견할 수 있다

〈웅변〉,《사회와 고독》(1870) 중에서

연설가는 청중이 모르는 정보를 갖고 있는 것이 아니다. 그저 화자의 관점에서 본 사실을 청중에게 가르칠 뿐이다. 다른 관점에서 바라봄으로써 상황은 새로운 사실과 가치를 지니게 된다. 새로운 이름을 붙임으로써 사실 하나하나가 중요해지는 것이다. 그 표현들은 사람들의 기억에 자리 잡고 입소문으로 퍼져 나간다.

연설가는 더 높은 수준의 사고방식을 일반적인 일에 적용함으로써 아름다움과 장엄함을 가져다준다.

우리는 모두
어느 정도는
시인이어야 한다

〈웅변〉,《사회와 고독》(1870) 중에서

연설가는 어느 정도는 시인이어야 한다. 미개인이든 문명인이든 인간은 창조력이 풍부한 존재이기 때문에 비유적인 표현을 사용해야 마음에 와 닿는다.

익숙한 경험을 비유적인 표현으로, 빛나는 상징으로 응축시키면 청중은 마치 전기 충격을 받는 듯한 느낌을 받는다. 그렇게 '사실'은 새로운 의미를 갖게 된다. 비유를 사용하면 마치 처음부터 자신이 그 사실을 지배할 수 있는 권리와 힘을 갖고 있었던 것처럼 느껴진다. 기억에도 그 이미지가 오래 남는다.

내면의 목소리를 따라
지행합일을 이루다

에머슨은 목사로서 자리를 잡고 나날을 보냈지만, 원하던 여성과 결혼한 지 불과 2년 만에 사별하고, 뛰어났던 동생은 정신 장애를 앓다가 세상을 떠났으며, 재혼한 아내와의 사이에서 태어난 사랑하는 장남도 6살에 세상을 떠났다.

게다가 교회 제도의 형식주의에 대해 회의감을 품게 되고, 목사로 살아가는 데 고통을 느끼기 시작했다. 에머슨은 내향적인 성격 탓인지 인간관계를 맺는 데 어려움을 느꼈고, 신도를 돌보거나 신도의 가정을 방문하는 일이 고통스러웠다고 말했다. 목사가 적성에 맞지 않았던 것이다.

에머슨이 적극적으로 목사라는 직업을 택한 것은 아니었으나 자신이 고른 직업에 대해 느끼는 위화감은 좀처럼 해소되지 않았고, 점점 더 견딜 수 없게 됐다. 그러다가 에머슨은 고민 끝에 자신의 '내면의 목소리'를 따르기로 결심한다.

에머슨은 본래 내향적인 성격이었다. 며칠 동안 산속에 틀어박혀 명상하며 철저히 자신과 마주하고, 마침내 각오를 단단히 했다. 목사를 사임한다는 돌이킬 수 없는 커다란 한 발을 내디딘 것이다.

그는 '내면의 목소리'를 따라 자신이 납득하지 못하는 일은 하지 않기로 결심했다. 그 행동을 지탱해 준 것이 바로 내향적인 자신을 단련하기 위해 스스로에게 부여했던 '자기 신뢰'였다. 자신의 사상을 직접 실천함으로써 말 그대로 '지행합일'을 실행한 셈이다.

나의 인간관계에 대하여

누구를 대하든 있는 그대로 받아들여야 한다

051

〈경험〉,《에세이 제2집》(1844) 중에서

차분하고 지혜롭게, 자기 자신답게 있으려 노력하자. 남자도 여자도 동등하게 대하자. 우리가 현실에서 살아가는 인간으로서도 그렇고 실제로도 그렇기 때문이다.

누구를 상대하든, 설령 그 사람이 겸손하든 혐오스럽든 현실의 동료로 받아들이고 상황으로 받아들여야 한다. 왜냐하면 그들은 우리를 위해 우주가 그 모든 기쁨을 맡긴 신비로운 사자들이기 때문이다.

타인에게
겉모습으로
호소하지 말 것

〈자기 신뢰〉,《에세이 제1집》(1841) 중에서

052

내 인생은 내가 살아가기 위해 존재하는 것이지, 다른 사람들의 시선을 신경 쓰고 겉모습을 꾸미기 위해 존재하는 것이 아니다. 반짝이지만 불안정한 삶보다 진정성 있고 거짓이 없으며, 심지어 평온하고 안정적인 삶이라면 비록 수준이 낮을지라도 상관없다.

내가 바라는 것은 당신이 스스로 진정한 인간임을 보여 주는 것이다. 겉모습으로 호소하는 것은 바라지 않는다.

기분 좋은
관계의 핵심은
예의범절이다

〈작법〉,《인생훈》(1860) 중에서

어떤 일이든 가장 좋은 방식이 존재한다. 계란을 삶는 방법조차 그렇다. 예의범절이란 일을 행복하게 해내는 방식이다. 과거에는 그것이 천재의 영감이나 사랑의 섬광이었지만, 지금은 되풀이되며 습관으로 자리 잡았다. 예의범절은 마지막에 덧칠되는 반짝이는 니스처럼 틀에 박힌 일상생활을 세련되게 다듬고, 그 세부를 아름답게 꾸며 주는 역할을 한다.

예의범절은 아주 쉽게 전염된다. 사람들은 서로에게 예의를 전하고, 또 전해 받는다.

모든 행위에는
반드시
대가가 따른다

〈보상〉,《에세이 제1집》(1841) 중에서

모든 일은 '기브 앤 테이크'로 조화가 이뤄지고, 모든 행위에는 반드시 대가가 따른다는 교리가 있다. 대가를 지불하지 않으면 원하는 것과는 전혀 다른 것을 얻게 되며, 대가 없이 얻는 것은 없다는 교리다.

이 법칙은 올바른 행동에 대해서는 반드시 적용된다. 사랑하면 사랑받는다는 말이 있지 않은가? 사랑이란 것도 방정식의 양변이 등식으로 결합되듯이 모든 면에서 수학적으로 정확한 것이다.

인격은
가만히 있어도
드러나기 마련이다

〈자기 신뢰〉, 《에세이 제1집》(1841) 중에서

우리는 있는 그대로의 모습으로 보여진다. 인격은 자신의 의지를 넘어 저절로 전해지는 것이다. 겉으로 드러난 행동으로 미덕과 악덕이 전해진다고 생각하기 쉽지만, 사실 미덕과 악덕은 시시각각 숨결로 내뿜어지고 있다.

아무리 한 사람이 다양한 행동을 하더라도 그때그때 정직하고 자연스럽게 행해진 것이라면 결코 다르지 않다. 같은 사람의 것이기 때문에 언뜻 서로 달라 보여도 조화를 이루기 때문이다.

3장 · 나의 인간관계에 대하여 **111**

보이는 것을 통해 보이지 않는 것을 발견해 내는 힘

<영적 법칙>, 《에세이 제1집》(1841) 중에서

교사가 무언가 감추고 싶은 생각을 갖고 있으면 학생들은 교사가 가르친 내용뿐만 아니라 감추고 싶었던 내용까지도 자연스럽게 배워 버린다.

사람은 어떤 일을 어떻게 실행하는지 구체적인 방법을 제시하지 않아도 배운 내용의 결론을 스스로 감지해 내기 마련이다. 뛰어난 수학자라면 곡선의 일부만 주어져도 그 전체 도형을 떠올릴 수 있을 것이다. 우리 인간은 '보이는 것'을 통해 '보이지 않는 것'을 추론해 낼 수 있다.

시대적으로 멀리 떨어져 있어도 현자들이 서로를 이해할 수 있는 것은 바로 이 때문이다. 설령 자신의 의도를 저작의 깊은 곳에 숨겨 뒀다 하더라도 세월이 흘러 그와 같은 정신을 지닌 이가 다시 나타나면 언젠가 반드시 발견된다.

말과 행동이
모순되는 것을
두려워하지 마라

〈자기 신뢰〉, 《에세이 제1집》(1841) 중에서

057

우리를 두렵게 만들고 자기 신뢰로부터 멀어지게 하는 공포가 있다. 그것은 말과 행동이 늘 일관돼야 한다는 고정 관념이다. 이는 타인의 입장에서 봤을 때 우리의 행보를 예측하기 위한 데이터가 과거의 말과 행동 외에는 없고, 우리는 타인의 기대를 저버리고 싶어 하지 않는 마음을 갖고 있기 때문이다.

그런데 왜 항상 일관성을 유지해야 하는가? 왜 이미 죽어 버린 기억을 질질 끌고 다녀야 하는가? 설령 모순된다 한들 그것이 도대체 무슨 문제란 말인가?

타인의 평가를
신경 쓰는 것은
무의미한 일이다

〈영적 법칙〉, 《에세이 제1집》(1841) 중에서

인간은 그 사람의 가치대로 쓰이는 법이다. 다른 사람들이 나를 어떻게 평가할까 궁금해하는 것은 완전히 의미 없는 일이다. 세상에 알려지지 않은 채 끝날까 봐 두려워하는 것도 그에 못지않게 무의미한 일이다.

만약 자신이 무엇이든 할 수 있고, 심지어 누구보다도 잘할 수 있다는 것을 스스로 알고 있다면 그 사람은 누구에게나 인정받을 것이다. 세상은 끊임없는 심판의 날로 가득 차 있으며, 어떤 모임에 참가하든

058

사람들은 서로를 평가하고 낙인을 찍는다.

"그 사람은 무엇을 했는가?"라는 질문은 사람들을 탐구하고, 모든 허울뿐인 평판을 관통하는 신성한 질문이다. 하지만 개개인의 능력에 관해서는 의심할 필요가 없다. 앉아 있을 때는 겉치레가 통할지도 모르지만, 행동에 있어서는 절대로 통하지 않기 때문이다.

친구와 함께할 때 가장 진실한 나를 만날 수 있다

〈우정〉, 《에세이 제1집》(1841) 중에서

누구나 혼자 있을 때는 진실하다. 그러나 상대가 가까이 다가올수록 우리는 아첨이나 잡담, 오락 따위로 상황을 넘기고, 몸을 휙 돌려 피하려 한다. 여러 겹의 가면을 쓰고 진심을 드러내지 않는다.

친구란 내가 진심을 털어놓을 수 있는 사람이다. 친구 앞에서는 내 생각을 크게 소리 내어 말할 수 있다. 보통은 벗어던지지 않는 마지막 속옷까지 벗어던지는 것이다. 분자와 분자가 결합하는 화학 반응처럼 단순하면서도 완전한 형태로 관계를 맺는다.

우정은 나의 가치를 펼칠 수 있도록 도와준다

〈수상여록〉,《인생훈》(1860) 중에서

　우리 인생에서 가장 필요한 사람은 우리가 할 수 있는 일을 마음껏 하게 해 주는 사람이다. 그것이야 말로 진정한 친구가 해야 할 역할이다.

　친구와 함께 있으면 우리는 쉽게 위대한 사람이 될 수 있다. 친구 안에는 우리의 모든 미덕을 끌어내는 숭고한 매력이 있기 때문이다. 친구란 인간 존재의 문을 활짝 열어 주는 존재다.

친구는 언제나
기쁨을 안겨 주는
존재다

〈우정〉,《에세이 제1집》(1841) 중에서

친구는 내가 이런저런 배려를 하지 않아도 있는 그
대로의 나를 바라봐 주는 사람이다. 친구는 나에게
아무것도 요구하지 않고 기쁨을 안겨 주는 존재다.

그렇기에 친구라는 존재는 자연에서 발견하는 일
종의 역설이다. 나는 나 하나뿐이며 나만큼 확실하게
존재하는 건 이 자연계에 없다고 믿는다. 그럼에도
나는 모든 면에서 나와 닮은 특성을 가진 사람이 전
혀 다른 형태로 반복되는 것을 본다. 친구란, 자연이
만든 하나의 걸작이라 해도 과언이 아닐 것이다.

서로 주고받을 수 없는 관계라면 혼자인 편이 낫다

〈우정〉,《에세이 제1집》(1841) 중에서

나와 친구 사이에는 닮은 점도 있고 다른 점도 있다. 때로는 균형 감각이 필요하다. 그래야만 서로에게서 힘과 공감을 느끼고, 서로 자극을 주고받을 수 있다. 이런 관계를 맺을 수 없는 친구라면 차라리 세상이 끝날 때까지 혼자인 편이 낫다.

나는 친구가 나를 공격해도, 내 비위를 맞춰 줘도 똑같이 저항을 느껴버린다. 친구는 어떤 순간이든 있는 그대로의 모습으로 존재하기를 바란다. 친구의 존재가 가져다주는 단 하나의 기쁨은 내 것이 아닌 것이 내 것이 되는 데 있다.

　나는 친구에게 맞장구치는 존재가 되기 보다는 곁에서 따끔한 쐐기풀 같은 존재가 되고 싶다. 깊은 우정의 필요조건은 우정 없이도 설 수 있는 능력이다. 그 고귀한 자리에 오르기 위해선 위대하고 숭고한 자질이 요구된다. 진정으로 하나가 되기 위해선 먼저 진정한 두 사람이 존재해야 한다.

진정한 대화는 일대일일 때만 성립된다

〈우정〉,《에세이 제1집》(1841) 중에서

우정의 실천이자 그 완성형이라고도 할 수 있는 '대화'에는 일대일의 법칙이 절대적으로 필요하다. 일대일이라면 매우 유익하고 즐거운 이야기를 나눌 수 있다. 하지만 세 사람이 함께 모이면 속마음에서 우러나오는 말은 단 하나도 들을 수 없다. 대개는 두 사람이 이야기하고 한 사람이 듣는 구조가 되고 만다. 세 사람이 동시에 성실하고 탐구적인 대화에 들어가는 일은 거의 없다. 세 사람 이상이 되면 그 자리에서 이뤄지는 이야기의 흐름을 잘 탈 수 있는 사람만이 말을 하게 된다.

이런 관습은 위대한 대화가 지닌 고도의 자유를 무너뜨리고 만다. 왜냐하면 위대한 대화는 두 영혼을 완전히 하나로 결합하기 때문이다. 하지만 누가 누구와 대화하게 될지는 친화력에 따라 정해진다. 관계가 없는 사람은 서로에게 흥미도 없고 상대의 숨은 능력에 대해서도 생각하려 하지 않는다.

현명한 사람과의 솔직한 대화야말로 훌륭한 경험이다

〈수상여록〉, 《인생훈》(1860) 중에서

인생에서 어떤 책도, 어떤 즐거움도 대화라는 경험과는 비교할 수 없다. "우리가 인생에서 경험하는 것 중 가장 훌륭한 것이 무엇인가?"라고 묻는다면 나는 "현명한 사람들과의 솔직한 대화"라고 대답하겠다.

현명한 사람들과의 대화는 우리가 얼마나 멋진 모임에 속해 있는지 알려 주고, 우리가 그 정신적인 힘에 이끌리고 있다는 사실을 깨닫게 해 준다.

자극적인 대화 속에서 우리는 우주의 일면을 엿보게 된다. 그리고 우리 영혼 속에 본래 깃들어 있는 힘

내가 원하는 것은 이미 내 안에 있다

에 대한 암시를 받으며, 멀리 안데스산맥 저편에서 빛과 그림자가 교차하는 장면이 마음속에 떠오른다. 혼자 명상을 할 때에는 결코 도달할 수 없는 것들뿐이다. 이런 대화 중에는 때때로 다양한 신탁이 아낌없이 내려오기도 한다. 생각이 막혀 버렸을 때에는 그때의 대화를 떠올려 보면 좋다.

아이에게
영혼으로
말을 걸어라

〈초영혼〉, 《에세이 제1집》(1841) 중에서

모든 사람에게 정신이 있듯이 인생의 모든 시기에
도 정신이 존재한다. 어린 시절에도 정신은 이미 성
숙한 어른의 모습을 띠고 있다.

내 아이를 상대할 때는 내가 배운 라틴어나 그리스
어, 내 교양, 돈은 아무런 쓸모가 없다. 하지만 내게
영혼이 있는 한 그것은 아이에게 도움이 된다.

내가 고집을 부리면 아이 역시 고집을 부리며 일일
이 맞서려 한다. 내가 힘으로 우위에 있다는 이유로
부끄럽게도 아이를 때린다면 아이는 그저 맞기만 할

뿐 나에게 다가오려 하지 않는다.

하지만 내가 고집을 버리고 영혼을 위해 행동하고, 우리 둘 사이에 영혼을 심판자로 세운다면 아이의 어린 눈에서도 똑같은 영혼이 나를 바라보고 있음을 알 수 있다. 그 순간 아이도 나와 함께 존경받고, 사랑받는 존재가 된다.

말해야 할 것을
제대로 말하되
긍정적으로 전하라

〈성공〉,《인생훈》(1860) 중에서

선한 정신은 긍정적이고 앞으로 나아가는 것을 선택하며 긍정적인 것을 기꺼이 받아들인다.

우울한 그림을 벽에 걸지 말고, 대화 속에서도 어두운 말이나 침울한 표현은 피하라. 냉소적인 사람이 되거나 훈계하려는 사람이 되지도 말자. 한탄하거나 불평을 늘어놓지도 말아야 한다. 부정적인 주장은 삼가야 한다. 물론 그렇다고 해서 긍정적인 말만 계속해서 늘어놓아 주변 사람을 짜증 나게 해서도 안 된다. 악덕에 대해서도 그것을 거부하는 데 시간을 낭

비하거나 고함을 지르지 말아야 한다. 대신 선량함이 가진 아름다움을 노래해 줬으면 한다.

말해야 할 것을 제대로 말하면 수다나 비난은 저절로 사라질 것이다. 누구에게도 도움이 되지 않는 말이라면 애초에 쓰지 않는 것이 좋다.

냉정하고
침착한 사람이
언제나 우위에 있다

동물뿐만 아니라 인간 사이에서도 힘의 비교는 항상 일어난다. 인간 사이에서는 매우 예의 바르면서도 결정적인 방식으로 힘겨루기가 이뤄진다. 두 사람이 만나면 그 이후로는 한쪽이 다른 한쪽에게 복종하게 된다. 양쪽 모두 상대방의 눈에서 자신의 운명을 읽어 내는 것이다.

약한 쪽은 자신이 가진 정보나 지혜가 부족했음을 깨닫는다. 하지만 만약 그 사람이 백과사전의 모든 항목을 전부 외우고 있었다 하더라도 도움이 되는 것은 아니다. 왜냐하면 강하거나 약하다는 것은 지식의 양이 아니라 그 사람의 정신이나 태도가 얼마나 냉정하고 침착한가와 관련이 있기 때문이다.

지식의 수준으로 보자면 강한 쪽이나 약한 쪽이나 큰 차이는 없을지도 모른다. 다만 약한 쪽은 육체적으로 튼튼하지 않고 위장도 강하지 않으며, 그 지적 능력은 지나치게 예민하거나 반대로 예민하지 못한 상태였을 것이다.

남에게
아무것도
요구하지 마라

〈자기 신뢰〉, 《에세이 제1집》(1841) 중에서

인간이 강해지고 압도적인 존재가 되는 것은 외부의 지원을 모두 버리고 홀로 섰을 때뿐이다. 그러나 홀로 선 인간이 내건 깃발 아래 사람이 모여들수록 그 사람은 점점 약해져 버린다. 홀로 선 인간은 인간의 집단인 도시보다 더 탁월한 존재가 아니겠는가?

남에게 아무것도 요구하지 마라. 그럼 당신은 끊임없이 변화하는 세상에서도 흔들리지 않는 유일한 기둥이 돼 반드시 주변 사람을 지탱하는 버팀목으로 나타날 것이다.

힘은 타고난 것이며 자신이 약한 이유는 외부에서 힘을 구해 왔기 때문임을 깨닫는다. 그렇게 깨달은 사람은 망설임 없이 자신의 생각에 몸을 던지고, 바른 자세로 서서 온몸으로 기적을 일으킬 것이다. 그것은 그야말로 자신의 두 발로 서 있는 사람이 거꾸로 서 있는 사람보다 강한 것과 같은 이치다.

군중 속에서도
독립심을 갖고
온화하게 행동하라

〈자기 신뢰〉, 《에세이 제1집》(1841) 중에서

세상 속에 있을 때는 세상 사람들의 생각에 따라 사는 것이 쉽다. 혼자 있을 때라면 자기 자신만의 생각에 따라 사는 것이 쉽다.

하지만 위대한 사람은 군중 속에서도 혼자 있을 때의 독립심을 유지할 수 있고, 심지어 완벽하게 온화한 태도로 사람들과 교류할 수 있다.

남에게 무작정 고개 숙이지 마라

〈자기 신뢰〉, 《에세이 제1집》(1841) 중에서

남에게 아첨하는 것이나 수미일관 같은 말을 듣는 것은 이번이 마지막이 되기를 바란다. 고개를 숙이거나 사과하는 일은 이제 그만두자.

높은 사람이 우리 집에 식사를 하러 온다고 했을 때 내가 초청한 것이 아니라 그 스스로 꼭 방문하고 싶어 했다고 생각하기를 바란다. 현대의 무던한 평범함과 비열한 만족이라는 것을 공연히 호되게 꾸짖어 주자.

시대의 변화를 타고
재능을 꽃피우다

에머슨은 교회를 떠난 뒤 목사에서 강연가로 전향했다. 그 결과 경제적인 독립을 실현했을 뿐만 아니라 후년에는 사회적인 성공을 거뒀고, 더 나아가 '콩코드의 철인'으로 우상시되기에 이르렀다.

목사의 설교는 성경의 지식을 바탕으로 한 이야기 솜씨와 웅변술이 기본이다. 신도들을 돌보거나 가정을 방문하는 일에는 적성이 없었던 에머슨이지만, 웅변술은 본래 그가 재능을 보이는 분야였다. 그런 의미에서 에머슨에게는 강연자로서의 재능이 있었던 셈이다. 다시 말해서 그는 자신의 강점을 살릴 수 있었고, 천직을 발견한 것이었다.

그는 키가 크고 잘생겼으며 성량도 풍부했고, 목소리의 톤이 음악적이어서 그의 강연을 듣는 사람들을 매료했다고 한다. 물론 목소리를 듣고 있으면 기분은 좋지만 무슨 말을 하고 싶은 건지 모르겠다고 말하는 사람도 있었다고 한다.

미국의 산업 혁명이 진전되면서 지적 직업인, 상점 경영자, 도매업자, 사무원, 학생 등을 중심으로 한 중산층이 등장했다. 이들을 대상으로 한 교양 세미나 형식의 순회 강연회가 대중문화로서 크게 유행하고 있었다. 이런 순회 강연회의 강사 중에는 에머슨처럼 목사 출신도 적지 않았다.

4장
·
나의 부와 성공에 대하여

살아 있는 것으로 만족하지 말고 부자가 돼야 한다

〈부〉,《인생훈》(1860) 중에서

인간은 소비자이면서 동시에 생산자여야 한다. 공동체에 무언가를 더해 기여하지 않으면 세상에서 충분한 자리를 차지하고 있다고 하기는 어렵다.

타고난 재능을 충분히 발휘하기 위해서는 살아 있기만 해서는 안 된다. 애초에 살아가는 데도 돈이 들기 때문에 인간은 부자가 될 필요가 있다.

모든 이의 능력을
활용할 줄 아는
사람이 진짜 부자다

〈부〉, 《인생훈》(1860) 중에서

철학자들은 인간의 위대함은 욕망을 줄이는 데 있다고 설파해 왔다. 하지만 인간이 오두막에 살며 말린 콩이나 씹는 삶에 만족할 수 있을까? 아니, 그럴리가 없다. 인간은 부자가 되기 위해 태어난 존재다.

모든 인간의 능력을 자신의 이익을 위해 활용할 줄 아는 사람, 그런 사람이야말로 진짜 부자다. 수많은 사람, 먼 나라에 사는 사람들, 그리고 과거에 살았던 사람들의 노력에서조차 가치를 끌어낼 줄 아는 사람, 그런 사람이야말로 부유한 사람이다.

평범한 사람이
돈을 버는 비결은
머리를 쓰는 것이다

〈부〉,《인생훈》(1860) 중에서

부의 근원은 인간 정신을 자연에 응용하는 데 있다. 쟁기나 도끼를 휘두르는 일부터 예술의 비밀에 이르기까지 모두 똑같다.

부자가 되는 비결은 근면이나 절약이 아니라 사상을 통해 질서 있게 구성된 인간 정신을 기르는 것이고, 적절한 타이밍에 알맞은 자리에 있는 것이다. 평범하더라도 머리를 써서 부자가 되는 사람이 있다. 그들은 흐름을 읽고, 시장 변화를 예측하며, 수요가 생길 것을 내다보고 땅을 개척하는 사람들이다.

경제는
보이지 않는 손에 의해
유지돼야 한다

〈부〉, 《인생훈》(1860) 중에서

부는 그 자체로 견제와 균형의 기능을 갖추고 있다. 정치 경제학의 기초는 불간섭에 있다. 유일한 안전 규칙은 수요와 공급의 자동 조절 기능에 있다.

재능과 덕이 있는 사람에게는 기회의 창을 열어 줘야 한다. 그럼 그들은 스스로 올바르게 행동하기 때문에 재산이 악인의 손에 떨어지는 일은 없을 것이다. 자유롭고 공정한 국가에서는 재산은 게으르고 어리석은 자로부터 근면하고 용감하며 인내심이 강한 사람에게로 옮겨 간다.

인간은 부자가 되기 위해 태어난 존재다

〈부〉, 《인생훈》(1860) 중에서

인간은 부자가 되기 위해 태어난 존재다. 자신이 가진 힘을 활용하고, 사상과 자연을 결합함으로써 필연적으로 부유해지는 것이다.

재산을 만들고 불려 가는 인생이라는 게임은 참가자에게 냉정함, 올바른 추론, 기민한 반응, 인내심을 요구한다. 수많은 시간을 들여 가장 우수하고 최단의 방법에 도달해 왔다. 오랜 시간 기술, 재배, 치료, 제조, 항해, 환율 등에 축적돼 온 이 스킬이야말로 우리의 세계를 가치 있는 것으로 만들어 준다.

돈 버는 것에
마법의 비밀 따위는
없다

〈부〉, 《인생훈》(1860) 중에서

상업은 기술을 겨루는 게임이다. 누구나 참가할 수 있는 것은 아니며, 그 안에서 능숙하게 플레이할 수 있는 사람은 매우 적다. 상인이 되기에 적합한 사람은 우리가 '상식'이라 부르는 다양한 능력의 평균치를 갖춘 사람들이다. 사실을 바탕으로 사고하고, 자신의 눈으로 본 것에 근거해 판단하며, 숫자로 설득당할 줄 아는 사람들이다.

행운도 불운도 늘 그 사람 자신에게 원인이 있는 법이고, 돈을 버는 일 또한 마찬가지다. 돈 버는 데

마법의 비밀 같은 게 작용한다고 믿는 사람이 많은데 사실은 전혀 그렇지 않다. 모든 결과에는 완전한 원인이 있으며, 이른바 '행운'은 목적에 대한 집착의 또 다른 이름일 뿐이다.

숙련된 상인은 성실함과 사실 기반 사고에 더해 '장기적인 계산'이라는 마인드셋을 갖추고 있다. 그래서 수많은 거래를 원격으로 수행함으로써 거래의 안전성을 해치지 않으면서도 큰 성과를 이끌어 내는 것이 가능하다.

수입과 지출의
균형이
부를 쌓는 비결이다

⟨부⟩, 《인생훈》(1860) 중에서

부의 비결은 얼마나 많은 돈을 갖고 있는가에 있지 않다. 수입과 지출의 균형에 있다. 지출을 어느 정도까지 억제하면 그 이후부터는 가늘지만 확실한 수입의 흐름이 생기고, 부가 축적되기 시작한다.

하지만 보통은 수입이 늘어날수록 지출도 빠르게 늘어난다. 무엇이든 집어삼키는 '부채'라는 존재는 탐욕을 절대로 멈추려 하지 않는다. '부족함'이란 눈 깜짝할 사이에 커져 버리는 거대한 괴물이며, 그것을 '소유'라는 외투로 덮어 가릴 수는 없다.

부자의 의미를
모르는 사람은
부자가 될 자격이 없다

〈부〉, 《인생훈》(1860) 중에서

부가 자기 혼자만의 것일 필요는 없다. 왜냐하면 부는 그것을 소유한 사람에게 해가 되는 경우도 적지 않기 때문이다.

괴테가 이를 다음과 같이 잘 표현했다.

"부자가 되는 것의 의미를 모르는 사람은 부자가 되지 않는 편이 낫다."

세상에는 타고난 소유자로서 자신의 재산을 잘 활

용할 수 있는 사람이 있는가 하면 그렇지 못한 사람
도 있다. 이런 사람들은 품위가 없으며, 재산가로서
의 평판을 떨어뜨린다.

따라서 부는 그것을 잘 관리할 수 있는 사람만이
소유해야 한다. 그저 쌓아 두고 숨겨 두는 사람은 부
를 소유할 자격이 없다. 일자리를 창출하고, 모든 사
람들에게 길을 열어 주는 사람이야말로 부를 소유해
야 한다. 왜냐하면 일반 민중이 풍요로우면 그 사람
도 풍요롭고, 민중이 가난하면 그 사람 역시 궁하기
때문이다.

마음을 한 점에
집중할 수 있다면
못 이룰 것이 없다

〈힘〉,《인생훈》(1860) 중에서

집중이야말로 강함의 비밀이다. 이것은 정치에서
도, 전쟁에서도, 비즈니스에서도 마찬가지다. 요컨대
인간이 관여하는 실무 처리에는 모두 공통되는 원칙
이다.

"어떻게 이런 걸 발견하신 건가요?"

이 물음에 대한 뉴턴의 대답은 훌륭한 일화 중 하
나로 남아 있다.

"늘 마음을 그곳에 집중시켰기 때문입니다."

정치에서 예를 들자면 플루타르코스의 《플루타르코스 영웅전》에 다음과 같은 이야기가 나온다. 고대 그리스 도시 국가 아테네의 전성기를 이끈 정치가 페리클레스에 관한 일화다.

"아테네 시내 전체에서 페리클레스의 모습을 언제나 볼 수 있는 거리 하나가 있었다. 그것은 시장과 의회장으로 통하는 거리였다. 그는 연회 초대는 모두 거절했고, 화려한 모임이나 사교 활동은 철저히 피했다. 집정관으로 일했던 내내 친구의 식탁에서 식사를 한 적은 단 한 번도 없었다."

오로지
한 분야에만
전심전력을 다할 것

〈힘〉,《인생훈》(1860) 중에서

한 청년 사업가에게 로스차일드는 자신의 자녀들에 대해 이렇게 말했다.

"큰 재산을 이루려면 엄청난 양의 대담함과 세심함이 필요하지. 젊은이여, 자네는 하나의 사업에 집착하게. 맥주 양조업이라는 자네의 일에 몰두한다면 자네는 런던에서 최고가 될 거야. 전념하게. 은행가이자 판매업자이자 양조업자가 되려 한다면 자네는 곧바로 파산자 명단에 이름이 실리게 될 거야."

목표로 가는 최단 루트는 일단 시작하는 것이다

〈힘〉, 《인생훈》(1860) 중에서

목표에 이르는 길은 여러 갈래가 있지만, 최단 루트는 하나뿐이다. 어쨌든 즉시 하나의 길을 걷기 시작해야 한다. 자신이 알고 있는 모든 것을 순간적으로 사용할 수 있는 사람은 지식은 많지만 반응이 느린 사람보다 10배 이상의 가치를 지닌다.

명의장으로 불리는 사람은 회의장에서의 밀고 당기기는 서툴지만, 즉시 결단을 내릴 수 있는 사람이다. 훌륭한 변호사란 진심으로 의뢰인의 편이 돼 의뢰인을 곤경에서 구해 낼 수 있는 사람을 말한다.

내가 원하는 것은 이미 내 안에 있다

재능이 없다면 반복 훈련만이 답이다

〈힘〉,《인생훈》(1860) 중에서

타고난 기질을 대신할 수 있는 것은 훈련이다. 즉 실용성과 일상성이 만들어 내는 힘을 말한다. 경주마 서러브레드보다 승용마가 승마에 더 적합한 것도 그 때문이다.

인간의 행동에서도 순간적인 폭발력보다 지속적인 훈련이 더 중요하다. 물리적인 힘을 한순간에 압축하기보다 같은 양의 힘을 오랜 시간에 걸쳐 펼치는 것이다. 같은 무게의 금은 둥근 공 모양이든 금박이든 그 무게에는 변함이 없다.

피아니스트는
손만 봐도
실력을 알 수 있다

〈힘〉, 《인생훈》(1860) 중에서

고대 그리스 철학자 데모크리토스는 말했다.

"인간은 타고난 기질보다 연습을 통해 선해진다."

연습의 효용은 여기에 있다. 아마추어가 프로를
이길 수 없는 이유도 그 때문이다. 피아니스트는 매
일 6시간 이상 연습한다. 음악의 거장들에 따르면 건
반 위에 올려진 손만 봐도 그 사람이 어느 정도 연주
할 수 있는지가 바로 드러난다고 한다. 악기를 능숙

하게 다룬다는 것은 그만큼 어렵고 중대한 일이다.

장인도 사무원도 마찬가지다. 같은 동작을 수천 번 되풀이해야 도구를 완벽히 다루게 되고 계산에도 능숙해지는 것이다.

성공에 필요한 것은
재능과 지식보다
건강한 정신이다

〈수상여록〉,《인생훈》(1860) 중에서

　건강의 가장 큰 장점은 기분을 좋게 해 준다는 것
이다. 재능이 필요한 일이라 해도 재능 그 자체보다
건강이 더 필요하다. 지식을 가치 있는 것으로 만들
기 위해서는 쾌활한 지혜를 지녀야 한다.

　당신이 진심으로 기뻐할 때 당신의 심신은 영양을
공급받고 있다. 정신의 기쁨이야말로 정신의 힘을 보
여 준다. 쾌활함이나 유쾌한 기분이라는 것은 쓰면
쓸수록 남는 것이 많다.

스스로 결백하다면 세상이 나를 인정할 날이 온다

〈자기 신뢰〉, 《에세이 제1집》(1841) 중에서

　세상에서 가장 요구되는 미덕은 '순응'이다. 자기 신뢰는 미움을 받는다. 실질이나 창조가 아닌 명목과 관습이 사랑받는다.

　하지만 진정한 인간이 되고자 한다면 세상에 영합해서는 안 된다. 불멸의 영광을 얻고자 한다면 '선'이라는 명목에 방해받지 말고, 그것이 진정으로 선한지 탐구해야 한다. 자신의 정신이 청렴결백하다는 것 외에는 그 무엇도 성스럽지 않다. 스스로의 결백을 변호한다면 세상도 이를 인정하게 될 것이다.

감성은
스스로를
위대하게 만든다

〈성공〉, 《인생훈》(1860) 중에서

　내가 하고 싶은 말은 힘을 기준으로 생각하면 재능
보다 감성이 더 중요하다는 것이다. 재능은 한계가
있지만, 감성이라는 중요한 능력은 우리를 모든 것과
연결시켜 준다. 쾌활한 기질을 타고나서 사람들과 잘
어울리는 이가 얼마나 뛰어난지 우리는 알고 있다.
그런 사람은 스스로 조화를 이루고, 무한한 강함을
받아들일 수 있는 능력이 있다.

　중세 잉글랜드의 알프레드 대왕이 말했다.

"행운은 마치 신의 선물처럼 쾌활한 사람을 따라다 닌다."

자기 자신을 느끼고, 어떤 일에도 주눅들지 말아야 한다. 충실한 인간성은 사물에 스며들어 성경이나 셰 익스피어, 호메로스를 위대한 존재로 만든다. 기쁨에 가득 찬 독자는 저자가 제시한 개요에서 어떤 결함을 발견하면 자신의 생각을 빌려 와 보충하려 하는 법이 다. 하지만 정작 그 사람은 자신이 저자에게 얼마나 대단한 것을 주고 있는지조차 모른다.

천재는
항상
앞을 본다

〈미국의 학자〉(1837) 중에서

책, 대학, 예술의 유파 등 모든 제도가 과거의 천재
가 했던 말의 단계에 멈춰 있다. 사람들은 자꾸 과거
만 돌아보고 앞을 보려 하지 않는다.

그러나 천재는 항상 앞을 본다. 인간의 두 눈은 앞
에 달려 있고, 뒤에 달려 있지 않다. 인간은 희망하
고, 천재는 창조한다.

창조적인 태도, 창조적인 행동과 말이 있다. 그것
은 관습이나 권위를 표현하는 것이 아니다. 선과 아
름다움을 느끼고 자발적으로 샘솟아 나오는 것이다.

기적 같은 성과는 착실한 한 걸음에서 시작된다

〈수상여록〉,《인생훈》(1860) 중에서

인생은 내가 해결해야 할 과제를 준다. 대수학, 원예, 건축, 시와 노래, 상업, 정치 등 여러 분야가 있다. 설령 어떤 분야를 선택하더라도 자신에게 가장 잘 맞는 일이라면 그 목표는 충분히 달성 가능하며, 기적 같은 성과를 거두는 것도 불가능하지 않다.

어쨌든 중요한 것은 무엇보다 먼저 시작하는 것이다. 한 걸음 한 걸음 순서를 지키며 착실히 나아가는 것이다. 쇠로 된 닻을 구부리는 일도, 짚을 엮듯 대포를 주조하는 일도, 물을 끓이듯 화강암을 뜨겁게 만드는 일도 순서대로 차근차근 해 나간다면 간단히 해 낼 수 있다.

실패하는 경우가 있다면 어떤 경솔함이 있거나, 운에만 기대었거나, 몇몇 절차를 생략했기 때문일 것이다. 자연의 법칙에 반하는 일을 해서는 잘될 리가 없다. 행복한 상태 역시 같은 조건에서 얻게 될지도 모른다. 자연의 법칙에 반하는 것이 매력적으로 느껴진다는 건 그만큼 손이 닿을 수 있는 가까운 곳에 있다는 증거다.

무엇이든지
적당히 해서는
이룰 수 없다

〈자기 신뢰〉, 《에세이 제1집》(1841) 중에서

    자신의 일에 온 마음과 정성을 다해 몰두하고 최선을 다했을 때 비로소 사람은 한숨 돌리며 마음이 편안해진다.

    하지만 정말 최선을 다했다고 느끼지 못하면 마음은 결코 편해지지 않는다. 무언가를 만들어 냈다고 해도 진짜로 창조한 것은 아니기 때문이다. 그런 식의 태도로는 오히려 자신의 재능에게 외면당하고 만다. 예술의 여신 뮤즈도 더는 내 편이 돼 주지 않는다. 영감도 떠오르지 않고, 희망도 솟아나지 않는다.

세상에
굴러들어 오는
행운은 없다

〈힘〉, 《인생훈》(1860) 중에서

성공한 사람들에게는 한 가지 공통점이 있다. 그것은 바로 '원인과 결과의 법칙'을 알고 있었다는 점이다. 그들은 세상의 모든 일은 운이 아니라 법칙에 따라 움직인다고 믿었다.

인과관계의 법칙, 사소해 보이는 일 하나하나와 존재의 원리 사이에는 엄밀한 관계가 있으며 모든 것에는 반드시 대가가 따른다는 법칙이다. 세상에 '쉽게 얻는 성공'이나 '우연히 굴러들어 온 행운'은 있을 수 없다.

거장은
가진 것을
탓하지 않는다

〈일과 일상〉,《사회와 고독》(1870) 중에서

091

거장이 평범한 사람과 다른 점은 자신이 가진 재료를 활용한다는 데 있다. 거장은 어떤 사람이 아무리 유명하다 해도 타인이 쓴 재료를 굳이 찾아 쓰려 하지 않는다.

나폴레옹은 이렇게 말했다.

"자신이 가진 병력을 어떻게 운용할 것인지를 알고 함께 야영할 수 있다면 그 장군은 충분한 병력을 가진 셈이다."

스스로를 비우고
무심해져야만
성공이 찾아온다

〈영적 법칙〉,《에세이 제1집》(1841) 중에서

우리는 카이사르나 나폴레옹에게 완벽한 계획이 있었을 것이라고 생각한다. 하지만 비상한 성공을 거둔 사람들도 솔직해졌을 때는 이렇게 말하곤 한다.

"이건 내 실력만으로 된 것이 아니다."

그들은 자신의 성공을 '운명의 여신' 덕분이라고 말해 온 것이다. 그들의 굳건해 보였던 의지도 사실은 스스로를 비우고 무심해지려 했던 데 있었다.

자신의 삶은
스스로 책임지고
향상시켜야 한다

〈부〉,《인생훈》(1860) 중에서

강한 민족에게는 강할 만한 이유가 있다. 앵글로색 슨족은 지금 세계의 상인이지만, 그들은 1,000년이 넘도록 지도적인 민족의 위치를 지켜 왔다. 그리고 그 배경에는 개인의 독립 정신이 있었다. 그 개인의 독립은 특히 금전적인 독립이라는 형태로 나타난다.

영국인이 번영을 누리고 평화를 즐길 수 있는 것 도, 누구나 스스로 자신의 삶을 책임져야 하며 사회 속에서의 자신의 위치는 스스로 유지하고 향상시켜 야 한다는 사고방식이 몸에 배어 있기 때문이다.

자기 신뢰는
이기주의가 아니다

현재 미국에서는 자기 신뢰가 '독립'과 함께 '개인주의'를 구성하는 중요한 요소 중 하나가 돼 있다. '자기 신뢰'의 원어는 'Self-Reliance'이다. 에머슨 자신이 'Self-Reliance'와 'Self-Trust'를 거의 같은 의미로 사용하고 있기 때문에 '자기 신뢰'라고 번역해도 문제는 없을 것이다.

자기 신뢰란 자신을 믿고 자신에게 의지하는 것이다. 자기 외의 그 어떤 것에도 정신적으로 의존하지 않고, 기대지 않는 삶의 방식이라고 이해하면 된다.

정신적인 '자립'과 '자율', 이 두 가지 의미를 겸하는 개념이다.

에머슨도 주의를 환기하고 있듯이 자기 신뢰는 '이기주의'와 비슷해 보이지만 전혀 다르다. 자기 신뢰는 눈에 보이는 인간관계인 '세간', 불특정 다수로 구성된 '세상' 그리고 그 안에서의 자신의 위치와 관계의 문제에 대한 질문이기 때문이다.

자기 자신을 신뢰한다는 것은 자기만 옳다고 믿는 것이 아니다. 타인과의 관계를 끊는다는 것도 아니다. 인간이 세상을 살아가기 위해서는 당연히 다른 사람의 도움이 필요하다. 중요한 것은 자신이 주체적으로 생각하고 행동해야 한다는 점이다. 세상에 동조하고 부화뇌동하지 않고 자기 자신을 믿고 자기 자신의 인생을 살아가는 것이다.

5장

·

나의 인생에 대하여

인생은
순간의
연속이다

〈자기 신뢰〉, 《에세이 제1집》(1841) 중에서

지금 이 순간을 끝마치고 길을 걸어가는 한 걸음 한 걸음마다 인생이라는 여정의 목적을 발견하고 최대한 좋은 시간을 살아내는 것, 바로 이것이 지혜라는 것이다.

인생이란, 그저 순식간에 지나가 버리는 것이다. 우리가 하는 모든 일은 순간의 연속과 관련돼 있기 때문에 매 순간을 소중히 여겨야만 한다.

지금 이 순간을
있는 그대로
받아들여라

〈일과 일상〉, 《사회와 고독》(1870) 중에서

세상에 지금 눈앞에 펼쳐진 풍경만큼 중요한 것은 없다. 영원의 역사 속에는 지금 이 시간만큼 소중한 시간은 없다. 미래에는 현재와 똑같은 기회가 다시 오지 않는다. 자, 시인이여, 노래하라! 예술이여, 표현하라!

인생이 멋진 순간은 그것이 마법 같고 아름다운 음색으로 가득할 때, 타이밍이 딱 들어맞을 때 그리고 분석 따위는 하지 않을 때다. 그러니 매일을 존중하는 마음으로 대하며 따뜻하게 받아들여야 한다.

자연에 몸을 맡기고 주어진 시간을 살아 낼 것

〈일과 일상〉, 《사회와 고독》(1870) 중에서

젊은 시절의 일이지만, 한 학자가 해 준 이야기를 지금도 잘 기억하고 있다.

"섬 사람들은 파도와 노는 걸 정말 좋아해. 기꺼이 큰 파도의 꼭대기를 타고 물가로 돌아오면 헤엄을 쳐서 다시 먼바다로 나가. 그렇게 몇 시간이고 기분 좋은 서핑을 반복하며 즐기지. 뭐, 인생이라는 건 이렇게 오고 가는 걸 반복하는 거지. 자신을 내려놓고 몸을 맡기지 않으면 위대한 것은 결코 태어나지 않아.

섬에서의 나날은 내륙과는 전혀 다르지. 단 하나의
대상에 대한 완전한 사랑에 의해서만 이어지고 있
어. 이 한 시간을 충실히 사는 것, 그게 바로 행복이
라는 거야. 오, 신들이여. 이 한 시간을 충실하게 살
도록 해 주소서. 모든 것이 끝났을 때 '보라, 내 인생
의 한 시간이 지나갔다'고 한탄할 것이 아니라, 오히
려 '이 한 시간을 온전히 살아 냈다'고 말해야 해."

시간에 사고를 더해
깊어진 생각은
영원히 남는다

〈일과 일상〉, 《사회와 고독》(1870) 중에서

우리가 살아가는 깊이야말로 중요하며, 표면적인 넓이 같은 것은 아무 의미가 없다. 우리는 영원을 향해 나아가고 있다. 시간이라는 것은 스쳐 지나가는 영원의 표면에 불과하다. 사고의 속도가 조금이라도 빨라지고, 사고의 힘이 조금이라도 강해지면 인생은 실제로 매우 길게 지속되는 것처럼 느껴진다. 우리는 그것을 '시간'이라고 부르지만, 사고의 가속도가 더해지고 그 생각이 더 깊어져 효과가 나타나기 시작하면 그것은 '영원'이라는 더 높은 이름으로 불리게 된다.

과거를 돌아보고
미래를 엿보는 순간
행복은 사라진다

〈자기 신뢰〉, 《에세이 제1집》(1841) 중에서

　인간은 겁이 많고 변명만 늘어놓는다. 더 이상 고결하지 않다. "나는 이렇게 생각한다", "나는 이런 사람이다"라고 말할 용기조차 없고 성자나 현자의 말을 인용하는 데에만 급급하다.

　나는 풀잎이나 피어난 장미 앞에 서면 부끄러움을 느낀다. 우리 집 창가에 핀 장미는 이전의 장미는 어땠는지, 더 아름다운 장미는 어떤지 일일이 참조하지 않는다. 장미는 장미일 뿐이고, 그 외의 무엇도 아니다. 장미에게는 시간이 없다. 그저 단순히 장미로 존재하며, 존재하는 매 순간이 완벽하다.

하지만 인간은 모든 것을 미루고 기억하려 든다. 현재를 살지 못한다. 과거를 돌아보며 한탄하고, 지금 곁에 있는 풍요로움을 무시한 채 발끝을 들어 미래를 엿보려 한다. 인간은 자연과 함께 시간을 초월해 현재를 살아가지 않는 한 행복해질 수도, 강해질 수도 없다.

영혼은
시간조차
초월한다

〈초영혼〉, 《에세이 제1집》(1841) 중에서

우리는 종종 생일을 기준으로 세는 실제 나이와는 다른 청년기나 노년기가 있음을 느낀다. 마음속에서는 언제나 젊고, 영원히 젊은 상태이다. 보편적이고 영원한 아름다움을 사랑하는 마음 역시 그중 하나다. 명상에서 현실로 돌아오면 이런 생각들이 유한한 인생이 아니라 시간을 초월하고 있음을 느낀다.

심오하고 신성한 사상이 수백 년, 수천 년이라는 시간을 단축시켜 모든 시대를 관통하며 나타나는 모습을 보라. 예수의 가르침도 처음 전해졌을 때와 비교하면 지금은 그 감동의 크기가 작아진 게 아닐까?
내 마음속에 있는 사실이나 인물들도 시간과는 아무
런 관련이 없다. 영혼의 척도와 감각이나 이해력의
척도는 전혀 다른 것이다. 영혼의 계시 앞에서는 '시
간'도 '공간'도 그리고 '자연'조차도 수축해 버린다.

자연을 아는 것은
자기 자신을
아는 것이기도 하다

〈미국의 학자〉(1837) 중에서

    정신이 받는 영향 중에서 시간적으로 가장 빠르고 가장 중요한 것은 자연으로부터 받는 영향이다. 매일 태양이 떠오르고, 해가 지면 밤과 별들이 찾아온다. 언제나 바람이 불고 풀이 무성해진다. 매일 남자들과 여자들이 대화를 나누고, 서로를 바라본다.

    자연의 아름다움이란 자연을 배우는 사람의 정신의 아름다움이다. 그래서 자연계의 법칙은 곧 인간 정신의 법칙인 것이다. 자연계에 대해 모르는 것이 있다면 자신의 정신에 대해 소유하고 있지 않은 것이

있음을 의미한다. 따라서 "너 자신을 알라"는 고대의
가르침은 결국 근대의 격언인 "자연을 배워라"와 같
은 뜻이 되는 것이다.

어른은 자연을
있는 그대로
볼 수 없다

〈자연〉, 《에세이 제1집》(1841) 중에서

솔직히 말하자면 대부분의 어른은 자연을 볼 수 없다. 대부분의 어른은 태양을 보지 않는다. 적어도 아주 피상적인 것밖에 보지 못한다. 태양은 어른의 눈만 비출 뿐이지만, 아이의 눈과 마음에는 태양의 빛이 스며든다.

자연을 사랑하는 사람이란 내면의 감각과 외부의 감각이 서로 완벽하게 조화를 이루고 있는 사람이다. 어른이 돼서도 어린 시절의 영혼을 간직한 사람이다. 자연을 사랑하는 사람이 하늘과 땅과 맺는 영적인 교감은 그 사람의 일용할 양식이 된다. 자연 앞에서는 실제로는 슬픈 일이 있어도 격렬한 기쁨이 몸속에서 솟구친다.

태양이나 여름뿐만 아니라 모든 시간, 모든 계절이 기쁨을 안겨 준다. 바람 없는 무더운 대낮에도, 짙은 어둠이 드리워 무서운 한밤중에도 모든 시간이, 모든 변화가 각각 다른 정신 상태에 대응하고, 그 정신 상태가 올바른 것이라고 느끼게 해 준다.

고독해지고 싶다면 밤하늘의 별을 바라보라

〈자연〉, 《에세이 제1집》(1841) 중에서

고독해지기 위해서는 사회와의 교류로부터 물러날 뿐만 아니라 자신의 방에서 나오는 것도 필요하다. 나는 책을 읽거나 글을 쓰고 있을 때 곁에 아무도 없어도 고독하지 않다. 진정으로 고독해지고 싶다면 밤하늘의 별을 바라보면 된다. 하늘에서 내려오는 별빛이 나와 내가 접하고 있는 것들 사이를 갈라놓아 줄 것이다.

별은 그것을 바라보는 사람에게 어떤 경외심을 불러일으킨다. 항상 그 자리에 있으면서도 가까이 다가

갈 수 없기 때문이다. 그러나 자연은 자신의 마음이 열려 있을 때 모두 같은 인상을 준다.

　자연은 결코 천한 모습을 보이지 않는다. 아무리 지혜로운 사람이라도 자연의 비밀을 억지로 빼앗을 수 없고, 자연의 완전한 모습을 전부 알게 돼 호기심을 잃을 일도 없다.

자연이
치유할 수 없는
재앙은 없다

〈자연〉, 《에세이 제1집》(1841) 중에서

숲속에 들어가면 사람은 지금까지 살아온 세월을
뱀이 허물을 벗듯이 벗어 버린다. 그래서 나이와 상
관없이 언제나 아이 그대로다. 숲속에서는 영원히 젊
은 상태로 존재한다. 신이 만든 이 숲에서는 누구나
예의 바르고 청결한 것이 지배하고, 영원히 제의가
반복된다. 숲을 찾은 사람은 천년이 흘러도 싫증이
나지 않을 것이다.

숲속에서 우리는 이성과 신앙을 되찾는다. 그곳에
있으면 모욕을 당할 일도 없고, 재난이 닥칠 일도 없

다. 자연이 치유할 수 없는 재앙은 결코 일어나지 않는다. 숲은 나에게 눈만을 남겨 준다.

맨땅 위에 서서 상쾌한 공기에 머리를 씻기고, 무한한 공간을 향해 머리를 쳐들면 비열한 이기심은 전부 사라져 없어진다. 나는 투명한 하나의 눈동자가 된다. 나는 '무'가 되고 모든 것이 보인다. '보편자'가 온몸을 가로질러 흐르고, 나는 신과 하나가 된다.

식물과
우리는
연결돼 있다

104

〈자연〉, 《에세이 제1집》(1841) 중에서

초원이나 숲이 주는 가장 큰 기쁨은 인간과 식물
사이에 존재하는, 눈에 보이지 않는 신비로운 관계를
암시해 준다는 점이다.

나는 혼자가 아니고, 알려지지 않은 존재도 아니
다. 식물들은 나에게 고개를 끄덕여 인사하고, 나도
식물들에게 고개를 끄덕여 인사를 돌려 준다. 폭풍
속에서 흔들리는 큰 가지는 내게 낯설면서도 동시에
익숙한 존재다. 놀라움을 주기도 하지만, 전혀 알 수
없는 미지의 것은 아니다.

우리가
알고 있는 것은
한 점에 불과하다

〈자연〉, 《에세이 제1집》(1841) 중에서

우리는 탐구해야 할 거대한 '우주'에 감동받을 뿐만 아니라 압도당하는 마음을 품는다.

"우리가 알고 있는 것은 우리가 아직 모르는 것에 비하면 그저 한 점에 불과하다."

최근에 나온 과학 잡지라면 무엇이든 펼쳐 보는 것이 좋다. 과연 자연 과학에 대한 탐구가 가까운 미래에 모두 밝혀질 수 있을지 판단해 보라.

잃는 것이 있다면 반드시 얻는 것도 있다

〈보상〉, 《에세이 제1집》(1841) 중에서

만물에는 양극이 존재한다. 작용과 반작용은 자연계 어디에서나 마주하게 된다. 예를 들어, 어둠과 빛, 더위와 추위, 밀물과 썰물, 남자와 여자, 들숨과 날숨, 원심력과 구심력 등 무수히 많다. 자석의 한쪽 끝에 자성을 띠게 하면 반대쪽에도 반대 극의 자성이 생긴다. 남쪽이 끌어당기면 북쪽은 밀어낸다. 이쪽을 비우려면 저쪽을 채워야 한다.

일종의 필연적인 이원성이 자연계를 둘로 나누고 있다. 사물은 반쪽에 지나지 않으며, 완전해지기 위해서는 그 반대되는 것이 존재함을 암시한다.

세계를 구성하는 모든 요소는 그렇게 존재한다. 시스템 전체가 개별 요소들 안에 드러나 있으며, 그것은 자연계와 인간 조건의 기초가 된다. 과잉은 결핍을 낳고 결핍은 다시 과잉을 낳는다. 무언가를 잃었다면 다른 무언가를 얻게 된다. 무언가를 얻었다면 무언가를 잃게 된다.

자연과 사회는 독점이나 예외를 허락하지 않는다

〈보상〉, 《에세이 제1집》(1841) 중에서

부가 늘어나면 그것을 이용하려는 사람도 많아진다. 그래서 부를 지나치게 늘리고 축적하면 그만큼 빼앗기게 된다. 재산은 늘어나지만 그 재산의 소유자는 육체적으로나 정신적으로나 파멸에 이르게 된다.

자연은 독점이나 예외를 싫어한다. 늘 어느 정도 평준화하려는 현상이 발생한다. 즉 거만한 자, 강자, 부자, 행운을 가진 자들은 결국 다수의 사람과 같은 수준으로 끌어내려진다.

자연계의 이 법칙은 도시나 국가의 법률에도 새겨

져 있다. 이 법칙에 저항해 사람을 모아 조직을 만들고 음모를 꾸민다 해도 소용없다. 자연은 모든 일이 잘못된 방식으로 오래 지속되는 것을 허락하지 않기 때문이다. 새로운 악을 억제하는 존재가 당장 나타나지 않더라도 반드시 억제할 수단은 존재하며 결국은 나타난다.

공포심이
존재하는 곳에
악폐가 있다

〈보상〉, 《에세이 제1집》(1841) 중에서

공포심은 놀라울 만큼 현명한 선생이고 모든 혁명의 선구자다. 그 가르침 중 하나는 공포심이 존재하는 곳에 부패가 있다는 것이다. 공포심은 마치 썩은 고기를 노리는 독수리와 같다. 무엇을 노리고 하늘을 나는지는 모르지만 반드시 어딘가에 썩은 냄새를 풍기는 악폐가 있다는 뜻이다.

이 공포심이라는 독수리가 이유 없이 하늘을 날고 있을 리 없다. 반드시 바로잡아야 할 중대한 악행이 존재함을 우리에게 알려 주고 있는 것이다.

문명의 진보와 인간의 퇴화는 서로 맞물려 있다

<자기 신뢰>, 《에세이 제1집》(1841) 중에서

사회는 결코 일방적으로 진보하지 않는다. 한쪽이 진보하면 다른 쪽은 반드시 퇴보한다. 무언가를 얻으면 반드시 무언가를 빼앗긴다.

새로운 기술을 얻게 되면 사회는 그만큼 오래된 본능을 잃는다. 문명인은 마차를 만들었지만, 스스로 걷는 자유를 잃었다. 목발에 의지하면 그만큼 근육의 지지를 잃는다. 스위스제 고급 손목시계를 차고 있으면 태양을 보고 시간을 예측하는 기술은 사라진다. 그리니치 항해력이 있으면 필요한 정보를 바로 찾을 수 있기 때문에 보통 사람은 하늘의 별 하나 알지 못한다. 하지와 동지가 와도 알 수 없고 춘분과 추분 역시 마찬가지다. 달력에 적혀 있으니 마음속에는 기준이 없다. 수첩에 기록하기 때문에 기억력은 퇴화한다. 장서가 늘어나면 머릿속은 과부하가 걸린다. 보험 대리점이 늘어나면 사고도 그만큼 늘어난다.

과거의 경험은
현재의 감정을 지나
미래의 지혜가 된다

〈미국의 학자〉(1837) 중에서

행동은 논의의 내용을 풍부하게 해 주는 진주나 루비와 같다.

우리가 어린 시절이나 청소년기에 체험한 행동이나 사건들은 지금 돌이켜 보면 매우 냉정하게 관찰할 수 있는 대상이 돼 있다. 그것은 마치 공중에 떠 있는 그림처럼 아름답다. 하지만 최근의 행동이나 지금 하고 있는 일은 그렇게 냉정하게 관찰할 수 없다. 깊이 생각해 보려 해도 도무지 불가능하다. 생생한 감정이 아직도 내부에서 맴돌고 있기 때문이다.

힘은 진심으로
찾지 않으면
발견할 수 없다

〈힘〉,《인생훈》(1860) 중에서

인생이란 힘을 탐구하는 것이다. 이 힘은 세상에 가득 차 있는 원소이자 어떤 균열이나 빈틈에도 깃들어 있다. 따라서 정직한 사람이 진심으로 힘을 추구한다면 반드시 그것을 발견하게 될 것이다.

인간은 다양한 사건과 소유물을 이 훌륭한 금속처럼 소중히 여겨야 한다. 하지만 이 귀중한 금속이 가지는 가치를 '힘'이라는 형태로 내면화하면 어떤 사건도, 어떤 소유물도, 심지어 육체의 호흡조차 내버려도 좋다.

힘의 선악은
사용하기
나름이다

〈힘〉, 《인생훈》(1860) 중에서

일을 생각해 내고 실행에 옮기는 힘은 과도해지면 오히려 스스로를 해치기도 한다. 마치 도끼가 나무를 자르기 위한 도구이지만, 힘을 너무 많이 주면 손가락을 잘라 버릴 수도 있는 것처럼 말이다. 하지만 이런 악의 힘에 구제책이 없는 것은 아니다.

인간이 도움을 바라며 불러들이는 모든 요소는 인간의 지배자, 특히 교묘한 힘을 가진 지배자가 돼 버릴 수 있다. 그렇다면 인간은 증기나 불, 전기를 버려야만 할까?

이런 종류의 모든 힘에 대한 규칙은 이렇다. 이익이 되는 것은 모두 선이다. 단 그것을 올바른 자리에 두는 것이 중요하다.

그럭저럭 괜찮으면 행복한 것이다

〈경험〉,《에세이 제2집》(1844) 중에서

나의 한 친구는 우주에 모든 것을 기대하고, 그 기대에 미치지 못하면 쉽게 실망하는 사람이다. 그러나 나는 그와는 정반대의 입장이다. 나는 애초에 아무것도 기대하지 않는다. 그저 그럭저럭 괜찮다고 느껴지면 감사한 마음으로 가득 찬다.

나는 다양한 잡음조차 받아들이기로 했다. 취객도, 지루한 인간도 내게는 무의미한 존재가 아니다. 그들은 마치 유성처럼 나타났다 사라지며, 세상이라는 풍경에 현실감을 더해 주는 존재이기 때문이다.

여행은
현실로부터의
도피일 뿐이다

〈자기 신뢰〉, 《에세이 제1집》(1841) 중에서

여행은 어리석은 자들의 낙원이다. 어디를 가든 별다른 차이는 없다는 걸 첫 여행에서 이미 깨닫는다.

집에 있을 때는 나폴리나 로마에 가면 그 아름다움에 취해 슬픔도 잊을 수 있을 거라고 꿈꾼다. 짐을 꾸리고, 친구들과 포옹하며 작별 인사를 나누고, 배를 타고 여행을 떠난다. 하지만 내 곁에 있는 것은 냉혹한 현실이며, 여전히 슬픈 나 자신이다. 여러 관광 명명소를 돌아다니며 감탄하는 척하지만, 마음은 늘 식어 있다.

진정한 교육은
말이 아니라
행동으로 이뤄진다

〈영적 법칙〉, 《에세이 제1집》(1841) 중에서

교육이 진정한 효과를 발휘하는 순간은 교사가 말로만이 아니라 실제 행동으로 보여 줄 때이다. 그 외에는 안 된다. 말만으로는 불가능하다. 주는 사람이 가르치고, 받는 사람이 배운다.

교사와 학생이 똑같은 상태나 원칙 위에 서지 않는 한 진정한 교육은 성립되지 않는다. 교육이 이뤄지는 건 마치 '수혈'이 이뤄지는 순간과 같다. 학생이 곧 당신이고, 당신이 곧 학생인 상호 침투의 상태다. 그때 비로소 진짜 교육이 시작된다. 그 이후에는 아무리

불행한 일을 겪든, 나쁜 친구들과 어울리든 한번 체
득한 것은 결코 사라지지 않는다.

하지만 가르치는 내용 그 자체는 귀로 들어와 다른
귀로 빠져나가 버린다. 우리는 말로 전해졌다고 해서
그 말 자체가 옳다고 확인된 것은 아니라는 사실을
알아야 한다.

교육이라
부르지 않는 것에
가치가 있다

〈영적 법칙〉, 《에세이 제1집》(1841) 중에서

(116)

수년간의 고등 교육이나 대학원에서의 전문 교육
도 나에게 그렇게 많은 것을 남겨 주지는 않았다.

교육이라 불리지 않는 것이 교육이라 불리는 것보
다 훨씬 더 가치가 있다. 자신의 내면에 자연스럽게
자리 잡고 있는 자력이야말로 자신에게 중요한 것을
선택하고 끌어당기는 기능을 갖고 있다. 그러나 이
른바 교육이라 불리는 것은 종종 그 자력을 방해하며
헛되이 시간을 낭비할 뿐이다.

인간의 지식은 대학의 교육으로만 채워지지 않는다

〈지성〉, 《에세이 제1집》(1841) 중에서

어떤 정신에든 각각 고유한 방식이라는 것이 존재한다. 진정한 인간은 결코 대학의 규칙에 따라 지식을 얻는 것이 아니다.

당신은 호텔의 포터 맨이나 요리사에게는 일화나 체험담, 놀라운 이야기가 없다고 생각하는가? 아니다. 누구나 학자 못지않게 알고 있다. 학교 교육의 나쁜 영향을 받지 않은 사람들의 이야기는 특히나 흥미롭다.

이런 본능적인 활동은 건강한 정신 속에서 끊임없

이 계속되며, 교양이 깊어질수록 점점 더 풍부하고 빈번하게 지식을 모을 수 있다. 내성의 국면에 접어들면 단순히 관찰하는 데 그치지 않고, 의식적으로 관찰하게 된다. 목적을 설정하면 자리에 앉아 추상적인 진리를 고찰하게 된다. 대화를 나눌 때도, 행동을 할 때도 다양한 사실이 가진 비밀의 법칙을 배우고자 하며, 마음의 눈을 계속 열어 두게 된다.

지금까지의
삶이야말로
공부해야 할 사전이다

〈미국의 학자〉(1837) 중에서

삶은 우리의 사전이다. 시골에 살든, 도시에서 장사나 제조 분야에서 통찰력을 기르든 많은 남녀와 솔직한 교제를 하든, 과학이나 예술에 종사하든 그 몇 년간은 결코 헛되이 보낸 시간이 아니다. 다양한 분야에서 모든 사실을 접하는 것은 우리가 오감을 통해 지각한 내용을 구체적인 형태로 설명할 수 있는 말을 습득하는 단 하나의 목적에 부합하기 때문이다.

누구의 이야기를 들어 봐도 그 사람이 지금까지 어떤 인생을 살아왔는지는 그 이야기의 빈약함이나 훌

룡함을 통해 즉시 알 수 있다. 삶은 우리의 배후에 누워 있다. 그것은 석조 건축에 사용하는 타일이나 벽돌을 만들어 내는 채석장과도 같다. 이 같은 방식으로 우리는 문법을 배운다. 대학이나 책이라는 것은 밭이나 작업장이 만들어 낸 언어를 그저 모방하고 있는 것에 불과하다.

무엇이든
배우기 위해서는
준비가 필요하다

〈영적 법칙〉, 《에세이 제1집》(1841) 중에서

설령 배워야 할 대상이 눈앞에 있더라도 배우기 위한 준비가 돼 있지 않다면 그 누구도 배울 수 없다. 예를 들어, 화학 연구자가 목수에게 자신의 가장 소중한 비밀을 가르쳐 줬다고 하자. 하지만 그런 비밀을 얻었다 해도 목수는 조금도 현명해지지 않을 것이다. 왜냐하면 목수에게 그런 비밀은 재산을 이룰 만한 가치가 전혀 없기 때문이다.

책을
최고의 것으로
활용하는 법

〈미국의 학자〉(1837) 중에서

책은 사용만 잘하면 최고의 것이 된다. 하지만 잘못 사용하면 최악의 것 중 하나가 돼 버린다. 그렇다면 좋은 사용법이란 무엇일까?

어떤 일을 달성하기 위한 수단은 여러 가지가 있지만, 그 하나뿐인 목적은 독자에게 영감을 주는 데 있다. 책의 매력에 이끌려 자신의 궤도에서 완전히 벗어나 위성처럼 돼 버릴 바에는 차라리 나는 책 따위 보지 않는 편이 낫다고까지 생각한다.

책의 세계는
읽는 사람에 따라
확장된다

〈미국의 학자〉(1837) 중에서

　우리는 모두 인간의 몸은 삶은 잡초든, 신발로 끓인 수프든 그 어떤 것을 먹어도 영양분으로 삼을 수 있다는 것을 알고 있다. 마찬가지로 인간의 정신도 어떤 지식이든 영양분으로 삼을 수 있다는 것을 알고 있다.

　단지 내가 말하고 싶은 것은 그런 식사를 견디기 위해서는 강한 두뇌가 필요하다는 점이다. 책을 잘 읽기 위해서는 창의적인 궁리가 필요하다. 그래서 창작 활동인 '크리에이티브 라이팅'이 있듯이 창조적인 독서법인 '크리에이티브 리딩'이 등장한 것이다.

　노력과 창의로 정신이 긴장하고 있을 때는 어떤 책이 됐건 지금 읽고 있는 페이지가 다양한 암시의 빛으로 빛나기 시작한다. 모든 문장은 이중적인 의미를 지니고 저자의 감각은 세계처럼 확장되는 것이다.

실용적인
독서법
세 가지

〈서적〉, 《처세훈》(1860) 중에서

추천하고 싶은 실용적인 독서법 세 가지가 있다.

첫째, 출판된 지 1년 이내의 책은 읽지 말 것.
둘째, 유명하지 않은 책은 읽지 말 것.
셋째, 자신의 취향이 아닌 책은 읽지 말 것.

셰익스피어의 명문구에 "무엇이든 즐기지 않으면
몸에 익지 않아요. 요컨대 제일 좋아하는 것을 공부
해야 합니다"라는 말이 나오듯이 말이다.

억지로 고민하지 말고 떠오르는 생각을 받아들여라

〈지성〉,《에세이 제1집》(1841) 중에서

자연스럽게 떠오르는 활동이 항상 늘 최고다. 아무리 깊이 생각하고 주의를 기울여도 문득 떠오르는 영감만큼 문제 해결에 도움이 되는 것은 없다. 이것은 밤에 잠들기 전까지 머리를 쥐어짜도 답이 나오지 않던 문제가 다음 날 아침 잠에서 깨어나 침대에서 일어날 때 혹은 아침 산책 중에 갑자기 떠오르는 것과 같다. 우리의 사고는 일종의 경건한 수용이다.

사고의 진실성은 자신의 의지에 따라 강제로 방향을 정하려 하거나 너무 오랫동안 방치해 둬도 모두 손상돼 버린다. 떠오르는 생각은 미리 스스로 결정할 수 없다. 우리가 할 수 있는 일은 그저 오감을 열고, 사고를 방해하는 모든 것을 가능한 한 제거하고, 인내심을 갖고 지성의 힘으로 문제를 바라보는 것뿐이다.

영감은
갑자기
내려온다

124

〈지성〉, 《에세이 제1집》(1841) 중에서

　세상에서 가장 어려운 일, 그것은 생각하는 것이다. 나는 추상적인 진리를 바라보고 싶지만 도무지 할 수가 없다. 기가 죽어 버리고 뒤로 물러서게 된다.

　정신을 한 방향으로 집중하고, 쉬지 않고 문제에 매달려 보자. 오랜 시간 동안 계속 생각해도 해결책은 전혀 나오지 않는다. 생각이 내 앞을 이리저리 맴돈다. 거의 다 알아낸 것 같은 예감이 든다. 밖으로 나가 걸어 보자. 사고를 더 진행시키지만 전혀 찾을 수 없다. 조용하고 침착하기만 하면 생각을 붙잡을 수 있을 것 같다. 그래서 서재로 들어가 보지만, 처음과 마찬가지로 진리와는 한참 멀리 떨어져 있다.

그러다 갑자기 아무런 예고도 없이 진리가 나타나는 순간이 있다. 빛이 나타나고, 원하던 특징이나 원리가 분명해진다. 지금 너는 두뇌를 써야 하지만, 동시에 활동을 자제하고 위대한 성령의 작용을 바라봐야 한다.

오래된 경험과 새로운 경험이 만나 차이를 만든다

125

〈지성〉,《에세이 제1집》(1841) 중에서

나는 어떤 학술 클럽에서 항상 내 견해를 높이 평가해 주는 사람과 알고 지냈다. 하지만 그 사람의 경험과 내 경험에는 큰 차이가 있진 않았다. 그 사람의 경험이 내게 주어졌다면 똑같이 활용할 수 있었을까?

그 사람은 오래된 경험을 갖고 있었지만, 지금은 그것을 버리고 새로운 경험을 하고 있다. 반면에 나에게는 오래된 경험과 새로운 경험을 모아서 새로운 것을 만들어 내는 습관이 있었다.

모든 것은
항상
변화하고 있다

〈원〉, 《에세이 제1집》(1841) 중에서

자연계에는 고정된 것이 단 하나도 없다. 우주는 흐르고 떠다닌다. 영속성이라는 것은 정도의 차이를 표현하는 말에 지나지 않는다. 우리가 사는 이 지구도 신의 눈으로 보면 하나의 투명한 법칙일 뿐 사실들의 집합이 아니다.

고대 그리스에서 훌륭한 조각을 만들었던 천재들도 지금은 어딘가로 사라져 버렸다. 그 천재들은 지금 다른 무언가를 만들고 있다. 새로운 사상이 태어나면 오래된 것들은 나락으로 떨어지는데 그것을 피할 순 없다.

새로운 대륙은 낡은 행성의 잔해로 만들어진다. 새로운 종족이 선대 종족을 분해한 부패물을 양분 삼아 자라난다. 새로운 기술은 오래된 기술을 파괴한다. 수도교에 대한 투자는 수리학의 발전에 의해, 성과 요새는 화약에 의해, 도로와 수로는 철도에 의해, 범선은 증기 기관에 의해 그리고 그 증기 기관은 전기에 의해 모두 쓸모없게 돼 버렸다.

후회 없는 삶을 위한
선언문, <자기 신뢰>

내면의 목소리를 따라 자기 신뢰를 관철하는 것은 결코 쉬운 일이 아니다. 당연하게도 세상과의 마찰이 생기기 때문이다. 한 걸음을 내딛기 전에 주저하는 사람도 적지 않을 것이고, 용기를 내서 앞으로 나갔지만 좌절하는 사람도 있을 것이다.

독일의 문호 괴테의 〈어느 아름다운 영혼의 고백〉은 자신의 내면의 목소리에 충실하게 살아가고자 한 여성이 신과의 대화를 통해 자아를 확립해 나가는 모습을 그리고 있다. 하지만 현대 사회에서 이런 삶의 방식을 관철하려면 당연히 다양한 갈등과 충돌을 낳을 것이다.

에머슨 또한 그러했다는 것은 무엇보다 그의 삶이 잘 보여 주고 있다. 그래서 〈자기 신뢰〉는 어디까지나 하나의 '선언문'이며 에머슨 자신이 스스로를 일깨우기 위해 쓴 글이라고 생각하는 편이 옳을 것이다. 에머슨의 주장을 그대로 실천했을 때 마찰이나 충돌이 생기는 것은 처음부터 각오해 두는 편이 좋다.

그럼에도 후회 없는 삶을 살기 위해서는 자기만의 길을 가야만 한다. 그게 어떤 형태든 어떤 규모든 간에 자신을 믿고, 자신에게 의지하며 어려움을 극복하고, 아무도 가지 않은 길을 개척해 나가야 한다.

에머슨의 〈자기 신뢰〉는 그런 사람들을 위한 격려의 메시지로서 독자인 당신의 등을 밀어 줄 것이다. 에머슨 자신도 그렇게 자신의 길을 개척해 나간 사람이었다.

6장
·
나의 운명에 대하여

어둠 속일지라도 자신을 믿고 나아가라

〈자기 신뢰〉, 《에세이 제1집》(1841) 중에서

위대한 사람들은 모두 자신을 신뢰하고 각자의 시대정신에 아이처럼 몸을 맡겨 왔다. 그들 자신의 마음속에는 절대적으로 신뢰할 수 있는 무언가가 자리 잡고 있다.

이제 우리 역시 운명을 최대한 힘차게 받아들여야 한다. 우리는 한쪽 구석에서 보호받는 미성년자나 병자도 아니고 혁명을 앞두고 겁에 질린 겁쟁이도 아니다. 우리는 지도자, 구원자, 후원자로서 전능한 신의 섭리에 따라 혼돈과 어둠 속을 뚫고 나아가야 한다.

무한한 가능성
앞에서는
모두 사소할 뿐이다

〈자기 신뢰〉, 《에세이 제1집》(1841) 중에서

　인간이 가진 헤아릴 수 없는 가능성 앞에서는 단순한 경험이나 과거의 이력 등 그 모든 것이 아무리 순결하고 성스러운 것이라 해도 모두 사라져 버리고 만다. 우리가 상상하는 천국을 마주하게 된다면 지금껏 읽어 온 전기 같은 것들을 어떤 형태로든 더 이상 가볍게 칭송할 수 없게 될 것이다.

인간에게는
의지를 초월한
힘이 있다

〈초영혼〉, 《에세이 제1집》(1841) 중에서

인간에게는 수원(水源)이 숨겨져 있다. 그것은 눈에는 보이지 않는 하나의 흐름이다. 우리의 존재는 우리 자신조차 알지 못하는 높은 곳에서 흘러 내려온다. 바로 다음 순간, 무언가 계산 불가능한 사건에 의해 방해를 받을 것이라는 사실조차 아무리 정확한 계산기라도 예견할 수 없다.

우리가 흔히 '내 것'이라고 부르는 의지보다 더 높은 원천이 존재한다는 사실을 나는 매 순간마다 절실히 느끼고 있다.

오늘의 운명이
인생 전체의
운명이 된다

〈일과 일상〉,《사회와 고독》(1870) 중에서

우리는 1년, 10년, 100년 같은 긴 시간에 가치를 둘
때가 있다. 다음은 프랑스의 오래된 속담이다.

"신은 순식간에 작용한다."

우리는 오래 살고 싶어 하지만, 인생의 진정한 의
미는 깊은 삶이나 위대한 순간에 있다. 시간을 재는
기준은 기계적인 것이 아니라 영적인 것으로 삼아야
한다. 삶은 불필요하게 길다. 통찰력, 멋진 인간관계,

미소, 눈 깜박임. 이런 찰나에 얼마나 많은 '영원'이
담겨 있는가! 인생은 정점에 도달하고 집중된다.

호메로스는 말했다.

"신들은 죽어야 할 운명을 가진 인간에게 단 하루
만 이성(理性)을 허락한다."

태양과 태양 사이의 공간, 즉 하루라는 시간 속에
담긴 매력을 보여 줄 수 있는 사람만이 내 마음을 풍
요롭게 한다. 하루의 의미를 이해할 수 있는 능력이
야말로, 인간을 가늠하는 진정한 척도다.

내 안에는
위대한 영혼이
깃들어 있다

〈자기 신뢰〉,《에세이 제1집》(1841) 중에서

자신에게 맡겨진 일을 하라. 그럼 분수에 넘치는 큰 욕심을 갖지도 않을 것이고, 지나치게 대담해지지도 않을 것이다.

지금 이 순간에도 당신은 대담하고 위대한 표현을 할 수 있다. 그 표현은 고대 그리스의 조각가 페이디아스의 끌, 고대 이집트인의 흙손,《구약 성경》의 예언자 모세, 중세 이탈리아의 시인 단테의 펜이 만들어 낸 작품에 결코 뒤지지 않는다. 심지어 그 모든 것과는 완전히 다른 당신만의 표현이다.

이 한없이 풍부하고 웅변적이며, 다채로운 표현을 가진 영혼은 절대 같은 것을 반복하지 않는다. 하지만 독자적인 길을 개척한 선조들의 목소리를 들을 수 있다면 너 또한 같은 음조로 응답할 수 있을 것이다. 이 소박하면서도 고귀한 영역에 머물러 자신의 마음에 따르라. 그럼 과거의 '이상 세계'가 현세에 재현될 것이다.

자신이 그린
영역을 끊임없이
확장하라

〈원〉, 《에세이 제1집》(1841) 중에서

우리에게는 외부도, 가두는 벽도, 원의 경계도 없다. 다음과 같은 장면을 상상해 보자. 어떤 사람이 이야기를 끝까지 전했다.

훌륭하다! 이보다 더 좋을 수는 없다! 모든 것이 새로워졌다! 그 사람은 하늘을 향해 우뚝 솟아 있다. 그런데, 보라! 반대편에서 다른 사람이 일어서서 방금전 최고라고 칭송받던 원의 둘레에 새로운 원을 그리고 있는 것이 아닌가!

이 순간 처음에 이야기한 사람은 이미 훌륭한 사람이 아니라 단지 처음 이야기한 사람에 지나지 않는다. 그 사람이 회복할 수 있는 방법은 오직 하나뿐이다. 원 바깥에 새로운 원을 그리는 것이다. 우리 모두는 스스로 이 일을 실행하고 있다.

내일의 사상은 당신의 모든 신조와 모든 신앙, 전 세계의 문학마저 뒤집어엎을 힘이 있고 어떤 서사시도 꿈꾼 적 없던 천국으로 당신을 이끌 힘이 있다. 인간은 '그렇다'는 현재의 상태보다 '본래 그래야 하는' 모습을 암시하고 있다. 인간은 다음 시대의 예언자로서 걸어 나아가고 있는 것이다.

유일한 죄가 있다면
자기 스스로
한계를 정하는 것이다

〈원〉, 《에세이 제1집》(1841) 중에서

현재의 나보다 더 나은 내가 되기 위해, 최고의 경지에 도달했다고 생각한 높은 곳에서 한 단계 더 높은 경지를 추구하는 끊임없는 노력은 인간이 맺는 다양한 관계 속에 드러난다. 인정받기를 갈망하면서도 자신을 인정해 준 사람을 용서하지 못하는 이유도 그 때문이다.

한계를 깨달아 버리면 관심은 사라져 간다. 죄는 단지 하나, 스스로 한계를 정하는 것이다. 당신이 어떤 사람의 한계에 도달하는 순간 그 사람은 종료된다. 그에게는 재능이 있는가? 도전 정신이 있는가? 지식이 있는가? 아니, 아무런 쓸모가 없다.

어제까지 그 사람은 무한히 매력적이고, 위대한 희망이었으며 그 속으로 뛰어들어 헤엄쳐야 할 바다였다. 그러나 이제 해안이 보이기 시작했고, 그것은 바다가 아닌 연못이었음을 깨달아 버렸다. 이제 두 번다시 보지 않아도 좋다는 마음이 들게 된 것이다.

자신의 운명을
운이나 우연에
맡기지 마라

〈자기 신뢰〉,《에세이 제1집》(1841) 중에서

　'운명'이라고 불리는 모든 것을 활용하라. 대부분의
사람은 운에 자신을 맡기고 도박하듯 살아간다. 모든
것을 손에 넣거나 모든 것을 잃는다. 하지만 당신은
그렇게 얻은 것을 법에 어긋나는 것이라 여겨 물리
치고, 신의 재판관이라고 할 수 있는 '원인과 결과의
법칙'을 따라야 한다. 강한 '의지'를 관철하면 '우연'의
수레바퀴는 사슬에 묶여 더는 움직이지 못하고, 운명
의 변덕에 휘둘리지 않는 자리에 앉을 수 있게 될 것
이다.

기쁜 일이나 행운이 연이어 찾아오면 기분이 들떠서 행복한 나날이 계속될 것만 같은 착각에 빠질지도 모른다. 하지만 그런 믿음을 가져서는 안 된다.

당신에게 평화를 가져다줄 수 있는 존재는 오직 당신뿐이다. 당신에게 평화를 안겨 줄 수 있는 것은 자기 신뢰라는 원리 원칙의 승리 외에는 없다.

실패한 사람들의
공통점은
꿈만 꾼다는 것이다

〈힘〉, 《인생훈》(1860) 중에서

　긍정적인 인간은 모든 인류의 존경을 독차지한다. 그들은 모든 위대한 사업을 창조하고, 실행하는 사람들이기 때문이다.

　미켈란젤로가 시스티나 예배당의 벽화를 전혀 경험해 본 적 없는 프레스코화로 그리게 됐을 때의 일이다. 그는 바티칸 궁전의 교황 정원으로 내려가 삽으로 황토를 파내고, 자신의 손으로 아교와 물을 섞으며 수차례 시행착오를 거듭했다. 그리고 사다리에 올라 벽화를 그리기 시작했다. 한 주 또 한 주, 한 달

또 한 달 계속해서 마침내 시빌라와 예언자들을 완성해 낸 것이다.

어느 화가가 나에게 이렇게 말한 적이 있다.

"실패한 사람은 꿈만 꾸고 있던 거야. 예술 세계에서 성공하려면 외투를 벗고 물감을 개어 철도 공사 인부처럼 날마다 날마다 일해야 해."

마음속 원동력을 실현하는 것은 순간의 충동이다

136

〈힘〉, 《인생훈》(1860) 중에서

인간은 스스로 자신의 일을 선택해야 한다. 자신의 두뇌로 가능하다고 생각하는 것만을 받아들이고 그 외의 것은 모두 버려야 한다. 그렇게 해야만 생명력이 온전히 집중되고, 지식에서 행동으로의 이행이 가능하다.

그저 막연하게 바라보기만 해서 지식에서 행동으로 한 걸음 내딛는 사람은 거의 없다. 이 한 걸음이야말로 분필로 그린 어리석음의 원에서 풍요로운 결실의 세계로 내딛는 걸음인 것이다. 이 한 걸음이 부족하기 때문에 성공하지 못하는 예술가들이 존재한다. 미켈란젤로나 첼리니 같은 용감하고 씩씩한 인물들을 보고, 절망감에 사로잡혀 바라본다. 그 역시 마음속에 '자연'이나 '원동력'을 갖고 있다. 하지만 그 모든 존재를 집중시켜 하나의 행동으로 돌진해 나가는 충동은 갖추고 있지 않다.

내가 하는
일의 가치는
내가 만드는 것이다

137

〈영적 법칙〉, 《에세이 제1집》(1841) 중에서

사람은 자신의 일을 통해 자신이 제공할 수 있는 것이 세상에 필요한 것임을 느끼고, 사람들에게 기쁨을 줄 수 있다. 자기만의 일을 수행함으로써 자신을 밖으로 열어 나가는 것이다.

그런데 보통 우리가 하는 일은 자신의 일에 필요한, 작은 일상 업무에 스스로를 적용시키는 것이다. 그 결과 자신이 다루는 기계와 하나가 돼 버리고, 일에서 그 사람의 인간성이 사라져 버린다.

비록 세상이 그 일을 천하게 여길지라도 자신의 사

상과 인격으로 그 일을 진취적인 성격의 일로 만들면 된다. 무엇을 알고 있든, 무엇을 생각하고 있든 그 일이 할 가치가 있다고 생각된다면 그것을 세상에 전달하면 된다. 그렇지 않으면 알려지지도 않고 올바르게 평가되지도 않을 것이다.

위대함은
사람과 환경을
가리지 않는다

138

〈영적 법칙〉, 《에세이 제1집》(1841) 중에서

우리는 오랫동안 칭찬받아 온 행동만을 선호하고, 사람이 할 수 있다면 무엇이든 훌륭하게 해낼 수 있다는 사실은 깨닫지 못한다.

위대함이라는 것이 특정한 장소나 의무, 직무나 기회에서만 생기고 만들어진다고 생각한다. 하지만 초절정 기술로 유명한 파가니니가 바이올린의 줄에서, 손재주 좋은 젊은이가 가위와 종이에서, 영웅이 비참한 은신처와 동료들에게서 환희를 이끌어 내는 모습은 보려 하지 않는다.

우리가 무명의 환경이나 천박한 환경이라고 부르는 것들은 아직 시가에서 찬양되지 않았을 뿐이지 결국 당신은 스스로 부러움을 사고 유명해질 것이다. 습관적으로 새로운 판단을 계속 내리는 것, 그것이 바로 정신적 향상이란 것이다.

인간의 생애는 확장해 나가는 원이다

139

〈자기 신뢰〉, 《에세이 제1집》(1841) 중에서

인간을 이해하는 열쇠는 그 사람의 사상이다. 아무리 완강하고 반항적인 표정을 지닌 사람이라도 실제로는 어떤 방향에 이끌리고 있다. 그 방향키란 이념을 말한다. 그 사람을 갱생시키려면 새로운 이념을 제시해 주는 방법밖에 없다.

인간의 생애는 스스로 확장해 나가는 원이다. 그 원은 눈에 보이지 않을 정도로 작은 고리에서 시작돼 모든 방면으로 확장해 커다란 원이 되고, 그 움직임은 영원히 지속된다. 이런 원의 생성과 발전은 개인이 가진 영혼의 힘에 달려 있다.

만약 영혼이 민첩하고 강력하다면, 모든 경계를 돌파하고, 크고 넓은 바다로 그 궤도를 넓혀 간다. 바다의 높은 파도는 영혼의 확장을 막고 속박하려 하지만, 영혼은 결코 갇히는 것을 거부한다. 처음의 아주 작은 고리조차도 이미 강한 힘으로 바깥을 향해 퍼져 나가려 하고, 셀 수 없을 정도로 끝없이 확대돼 간다.

자신의 생각을
현실로 만들어 내는
힘

〈부〉, 《인생훈》(1860) 중에서

　분별 있는 사람은 부란 이 행성이 주는 다양한 혜
택을 자신의 계획을 위해 다시 태어나게 하고, 그것
을 영양분으로 삼는 것이라고 본다. 그들이 추구하
는 것은 계획을 실행하는 힘이지, 사탕 같은 달콤한
보상이 아니다. 즉 자신의 생각에 손과 발과 형태를
부여하고 그것을 현실적인 것으로 만들어 내는 힘이
다. 사물을 명확하게 보는 사람에게는 이것이야말로
우주가 존재하는 목적이며, 이 우주에 존재하는 모든
자원은 적절하게 활용되기 위해 존재하는 것이다.

콜럼버스에게 지구란 단지 책상 위의 기하학이 아니라 항해에 필요한 실제적인 문제였다. 그리고 자신을 배에 태워 주지 않는 국왕들은 육상 생활을 보내는 겁쟁이로밖에 보이지 않았다. 콜럼버스만큼 지구를 가깝게 느낀 자는 없었을 것이다. 하지만 그조차도 지도 위에 많은 공백을 남길 수밖에 없었다. 콜럼버스의 후계자들은 지도뿐만 아니라 그의 열정까지 계승하여 지도를 완벽한 것으로 만들어 갔다.

혁신의 시대는 언제나 바로 지금이다

〈미국의 학자〉(1837) 중에서

"그 시대에 태어났더라면 좋았을 텐데" 하고 바라는 시대가 있다면 아마도 혁신의 시대가 아닐까?

혁신의 시대란, 옛것과 새것이 나란히 존재하고, 그 둘을 비교할 수 있는 시대다. 모든 사람의 에너지가 공포와 희망 속에서 철저히 시험받는 시대다. 그리고 옛 시대의 역사적 영광이 새 시대의 풍부한 가능성에 의해 상쇄되는 시대이기도 하다. 우리가 그 흐름 속에서 어떻게 관여할지를 알기만 하면, 어떤 시대든 훌륭한 시대인 것이다.

내가 태어난 목적은 개혁자가 되기 위함이다

〈개혁하는 인간〉(1841) 중에서

우리가 인간으로 태어난 목적은 바로 '개혁자'가 되는 것이다. 개혁자란 이미 누군가가 만들어 놓은 것을 다시 만드는 사람이자 거짓과 위선을 버리고, 위대한 '자연'을 모방하고, 진실과 선함을 회복하는 사람이다.

자신에게 진실이 아닌 모든 것은 버려라. 일상적인 습관들도 그것이 시작된 처음의 생각으로 되돌려 보자. 그리고 온 세상을 위한 것이 아닌 일은 단 하나도 하지 말자.

지식이 있으면 두려움은 극복할 수 있다

〈용기〉,《사회와 고독》(1870) 중에서

지식은 두려움에 대한 해독제다. 이성과 판단력도 마찬가지로 해독제다. 위험을 정확히 이해하고 그에 대처하는 방법을 배우면 두려움은 바로 극복할 수 있다. 사람은 쉽게 공포에 휩싸이기 쉬운데, 그 이유는 정확히 말하자면 무지 때문에 상상력이 두려움을 키우기 때문이다.

지식은 사람을 용기 있게 만들어 주고 마음속에서 두려움을 지워 준다. 그런 의미에서 지식 그 자체와 그 지식을 실제로 활용하는 것이 진정한 실천적 지식이라 할 수 있다. 나는 할 수 있다고 믿는 순간, 두려움은 더 이상 장애물이 되지 않는다. 한 번이라도 두려움을 극복해 본 사람은 또다시 도전하는 것을 주저하지 않는다.

말을 잘 다루는 마부는 잘 뛰는 말이라도 안전하게 탈 수 있고, 전장에 익수한 병사는 대포의 섬광만 봐도 포탄이 날아오는 방향을 파악해 피할 수 있다. 위험에 익숙해지면 그 위험이 어느 정도인지 추정할 수 있고, 더 이상 상상력에 휘둘리지 않게 된다.

용기란
문제를
직면하는 힘이다

〈용기〉, 《사회와 고독》(1870) 중에서

용기란, 눈앞에 놓인 문제와 정면으로 마주하는 것이다.

학생이 수학 문제를 풀지 못해서 선생님 앞에서 두려움에 떨고 있다. 옆에 있는 소년은 이미 그 문제를 자신 있게 풀고 있는데, 자신은 아직 해법을 이해하지 못하고 있기 때문이다. 하지만 문제를 푸는 방법을 깨달으면 아르키메데스처럼 냉정해지고 힘차게 앞으로 나아갈 수 있게 된다.

용기란 사건이든 과학이든 무역이든 회의든 행동

이든 문제를 대등하게 마주하는 것이다. 나와 마주한 상대가 내가 가진 자원이나 정신력 면에서 나보다 우위에 있지 않다고 확신하는 것이다. 장군은 자기 군대는 인간이고, 이제 적은 없다는 감각을 병사들에게도 일깨워야 한다. 그렇다. 지식은 필요하다. 왜냐하면 두려움은 환상에 불과하기 때문이다. 눈은 쉽게 속는다. 드럼 소리, 군대의 깃발, 번쩍이는 투구, 적군의 수염이나 콧수염은 총검이 닿기도 전에 당신을 제압해 버리는 법이다.

스스로
회복할 수 있다면
다시 일어설 수 있다

145

〈원〉, 《에세이 제1집》(1841) 중에서

　용기란 스스로 회복하는 힘에 있다. 그래서 옆구리를 공격당해도 등을 보이지 않고, 적의 계략에 휘말릴 뻔해도 금세 태세를 가다듬는다. 스스로 회복할 수 있기 때문에 어디에 놓이든 다시 일어설 수 있는 것이다.

　이런 일이 가능한 이유는 과거에 자신이 이해했던 진리보다 지금 눈앞에 있는 진리 자체를 더 좋아하기 때문이며, 설령 그 진리가 어느 쪽에서 왔든 민첩하게 받아들이기 때문이다. 자신의 법률도, 자신과 사

회와의 관계도, 자신이 믿는 종교도, 그리고 자신의
세계조차 언제든 바뀌고 사멸해 버릴지 모른다는 두
려움 없는 확신을 갖고 있기 때문이다.

나폴레옹이
많은 것을
이룰 수 있었던 비결

〈대표적 인물〉,《나폴레옹》(1850) 중에서

나폴레옹은 기회를 재빨리 포착함으로써 누구나 정도의 차이는 있어도 갖고 있는 미덕들, 즉 시간 엄수, 개인적인 배려, 용기 그리고 철저함만으로도 얼마나 많은 것을 이룰 수 있는지 우리에게 보여 줬다.

나폴레옹은 이렇게 말했다.

"오스트리아인은 시간의 가치를 모르는 민족이다."

나는 젊은 시절의 나폴레옹을 신중함의 본보기로

삼지 않을 수 없다. 그의 힘은 난폭함이나 열광 혹은 남다른 설득력에 있었던 것도 아니다. 정해진 규칙이나 관습에 따르기보다는 긴박한 상황이 생길 때마다 상식을 발휘한 데 있다.

결국 이 이야기가 전하는 교훈은 활력이 있다면 반드시 한 걸음 내딛을 수 있는 여지가 있다는 것이다. 비록 마음속에 수많은 두려움과 의심을 품고 있어도 이 사람의 인생이 그에 대한 명확한 해답이 아닐까?

성실하게
말하고
써라

〈영적 법칙〉, 《에세이 제1집》(1841) 중에서

글이 여론에 미치는 영향은 그 사상의 깊이에 따라 수학적으로 측정할 수 있다. 즉 얼마나 깊은 곳에서 물을 끌어올릴 수 있는가다. 만약 그 글이 당신을 일깨우고, 생각하게 만들며, 웅변으로 당신을 높은 경지로 이끌어 준다면 그 효과는 넓고 느리며 영원히 지속될 것이다. 하지만 아무리 읽어도 배울 것이 없다면 그것은 그 자리에서 사라질 운명의 저작에 지나지 않는다.

영원히 스러지지 않는 것을 말하고 쓰기 위해서는

성실하게 말하고 써야 한다. 나 자신의 실천으로 이어지지 않는 논의는 당신의 실천으로도 이어지지 않을 것이다. 그렇게 생각해도 좋다. 오히려 16세기 영국의 정치가이자 시인이었던 필립 시드니의 금언을 배워야 한다.

"자신의 마음속을 들여다보라. 그리고 써라."

마음으로
쓰지 않는다면
안 쓰는 것이 낫다

〈영적 법칙〉, 《에세이 제1집》(1841) 중에서

　자신을 위해 글을 쓰는 사람은 영원한 독자층을 위해 글을 쓰는 것이다. 자신의 호기심을 만족시키려는 노력 끝에 도달한 표현만이 공개할 가치가 있는 것이다.

　글의 주제를 귀로만 받아들이고 마음으로 받아들이지 않는 작가는 언뜻 이득을 본 것처럼 보일 수 있지만, 사실은 그 모든 것이 고스란히 손해였다는 사실을 알아야 한다. 그런 속 빈 글이 온갖 찬사를 받고, 독자의 절반이 "이 얼마나 시적인가! 이 얼마나 천재적인가!"라고 외친다 해도 더 이상 불을 댈 연료가 없다면 그 불이 다시 타오를 일은 없다.

유익한 것만이 진정으로 유익한 것이다. 생명만이 생명을 줄 수 있다. 스스로 불을 붙여 보려 해도 자신이 평가한 것 이상으로 평가받을 수는 없다.

책상 앞을 벗어나
자기 신뢰를 퍼뜨리다

에머슨은 대학 아카데미즘과는 거리를 두는 '반지성주의'의 창시자로 여겨진다. 미국적인 의미의 '반지성주의'란, '지성'이 특정 권위나 권력과 결합된 '지성주의'에 대한 이의 제기를 뜻한다. 다시 말해서 이것은 '지성에 대한 반대'가 아니라 '지성주의에 대한 반대'인 것이다. 그 근저에는 자신의 머리로 생각하고 스스로 행동한다는 마인드셋이 자리하고 있다. 그렇게 생각하면 에머슨이야말로 '반지성주의' 그 자체였음을 납득할 수 있을 것이다.

에머슨 인생의 후반부는 한 해의 절반을 미국 전역과 영국 각지를 돌아다니며 자기 신뢰를 알리는 카리스마 넘치는 강연자로 살았다. 강연 활동을 통해 미국 각지에서 다양한 계층의 일반인들과 폭넓게 교류했다. 기본적으로 강연은 스스로 기획하고, 수금도 스스로 하는 자영업자였으며 돈에도 눈이 밝았다. 결코 이론만 늘어놓는 공허한 책상머리 학자가 아니었다.

남북전쟁으로 국가가 분열된 이후 미국은 급격하게 발전하기 시작했다. 프런티어가 서쪽으로 계속 확장되는 가운데, 이른바 '도금 시대'라고 불리는 시대에 접어든 미국 자본주의 사회의 현실을 몸소 체험함으로써 그의 사상은 원숙해졌다.

전기의 에머슨이 〈자기 신뢰〉를 선언한 사람이라면, 후기의 에머슨은 〈자기 신뢰〉의 선구자였다고 말할 수 있을 것이다.

랠프 월도 에머슨 연보 ————————————

전반기(출생부터 36세까지), 목사를 그만두고 강연가로 자립하기까지

1803년
미국 동해안 보스턴에서 유니테리언파 목사의 넷째 아들로 태어남.

1811년
아버지를 잃고, 가난 속에서 어머니의 손에 길러짐. 그 후 함께 살게 된 숙모로부터 지적인 영향을 받음. 자신보다 뛰어난 동생 에드워드에게 열등감을 느끼며 내성적인 성격으로 성장함.

1817년
하버드대학교에 입학. 학비를 벌며 어렵게 졸업하고, 형이 운영하는 여학교를 도우며 일함.

1825년
하버드대학교 신학대학원에 입학. 눈병과 류머티즘에 시달리고 결핵을 앓음.

1829년
보스턴 제2교회의 부목사로 임명됨. 엘렌 터커와 결혼.

1831년
엘렌이 결핵으로 사망. 이 무렵부터 교회 제도에 회의감을 느끼게 돼 고뇌함.

1832년

혼자 산에 들어가 명상 끝에 결국 결단을 내리고 교회를 사임. 이듬해 유럽으로 여행을 떠나 파리의 식물원에서 사물과 정신의 관계에 대해 계시를 받음. 귀국 후 강연가로 활동을 시작. 세상을 떠난 아내의 유산을 상속받아 경제 상황이 다소 호전됨. 동생 에드워드가 사망. 종국의 거처가 된 콩코드로 이주. 1835년(32세) 리디언 잭슨과 재혼. 다음 해 《자연》을 출판. 동생 찰스가 결핵으로 사망.

1837년

〈미국의 학자〉 강연을 통해 '미국의 지적 독립 선언'이라는 극찬을 받음. 이듬해 하버드대학교 신학부에서 한 강연이 이단으로 간주됨. 14살 어린 헨리 데이비드 소로와 교류 시작. 소로는 《시민 불복종》(1849), 《월든》(1854)을 출판.

1839년

콩코드에서의 설교를 마지막으로 강연 활동과 저술에 전념함.

후반기, 강연가로서 성공하고 '콩코드의 철인'으로 숭배받기까지

1841년
강연을 바탕으로 한 《에세이 제1집》을 출판.

1842년
6세 장남 월도를 성홍열로 잃음. 그 후, 친구의 장남인 윌리엄 제임스 (후일의 심리학자이자 실용주의 철학자)의 대부가 됨.

1844년
강연을 바탕으로 한 《에세이 제2집》을 출판. 1847년 영국으로 강연 여행을 떠남.

1850년
강연을 바탕으로 한 《대표적 인물》을 출판. 처음으로 미시시피강까지 도달하는 서부 강연을 실행해 시카고까지 발길을 뻗침.

1856년
강연을 바탕으로 한 《영국인의 특성》을 출판해 베스트셀러로 반향을 일으킴.

1860년
강연을 바탕으로 한 《삶의 지침》을 출판해 많은 독자에게 사랑받음.

1861년~
남북전쟁이 시작됨. 에머슨이 거주하던 뉴잉글랜드에는 직접적인 피해는 없었지만, 책이 팔리지 않고 강연 의뢰도 줄어듦. 이후 매년 미국 각

지로 강연을 떠남.

1870년
강연을 바탕으로 한 《사회와 고독》을 출판.

1871년
처음으로 미국 서부 해안으로 강연을 떠남. 젊은 시절의 '자연보호의 아
버지' 존 뮤어를 만남.

1872년
7월에 자택이 전소됨. 그로부터 일주일 뒤 보스턴에서 열린 '이와쿠라
사절' 환영 만찬에 초대돼 참석하고 연설을 하지만 생기를 잃음. 같은
해 7월, 장녀 엘렌과 함께 마지막 해외여행에 나섬. 기부금을 받아 자택
을 재건하고 귀국했을 때 콩코드 시민들로부터 열렬한 환영을 받음. 이
무렵부터 기억력과 집중력이 떨어지기 시작함.

1874년
28년 만에 하버드대학교 신학부에서 강연, 이단 시비가 해소됨. 이듬해
《편지와 사회적 목표들》을 출판.

1882년
폐렴이 악화돼 콩코드에서 영면(향년 78세). 콩코드의 슬리피 할로우
묘지에 안장됨.

자기 신뢰의 창시자 에머슨의 성공 철학 148

내가 원하는 것은 이미 내 안에 있다

인쇄일 2025년 5월 15일
발행일 2025년 5월 22일

지은이 랠프 월도 에머슨
편역 사토 켄이치
옮긴이 김슬기
펴낸이 유경민 노종한
책임편집 조혜진
기획편집 유노북스 이현정 조혜진 권혜지 정현석 **유노라이프** 구혜진 **유노책주** 김세민 이지윤
기획마케팅 1팀 우현권 이상운 **2팀** 이선영 최예은 전예원 김민선
디자인 남다희 홍진기 허정수
기획관리 차은영
펴낸곳 유노콘텐츠그룹 주식회사
법인등록번호 110111-8138128
주소 서울시 마포구 월드컵로20길 5, 4층
전화 02-323-7763 **팩스** 02-323-7764 **이메일** info@uknowbooks.com

ISBN 979-11-7183-106-7 (03190)